Edition LitOff

Eine Bühne der Literatur jenseits der konfektionierten Massenware bietet diese Buchreihe der Literatur-Offensive (LitOff) in Zusammenarbeit mit dem Lothar Seidler-Verlag. Die Sprache der Literatur ist kein unschuldiges Zeichensystem, und auch die Produktion eines Buches folgt der zeitgebundenen Realität, in deren Kontext sie entsteht. Mit dieser Buchreihe jenseits der Marktkräfte, der Bildindustrie und modischer Strömungen entsteht eine neue Qualität.

Ingrid Samel

Brückenwacht

Essays, Miniaturen und Interviews

aus Štúrovo

Veronika Babják † gewidmet

Lothar Seidler-Verlag
69126 Heidelberg, Leimer Straße 12
Edition LitOff

Einbandgestaltung LS-HD

ISBN 978-3-931382-71-1

Herstellung: tredition, Hamburg

Slovenská
republika
SLOVENSKÁ
REPUBLIKA

Vorwort

Um eine Ernennung als Brückenwächter kann man sich jederzeit bewerben, es gibt keine Abgabefristen. Entsprechend wird die Residenz laufend, möglichst nach den Wünschen der Bewerber, zugewiesen. So kann es passieren, dass zwischen Ernennung des Brückenwächters und dem Dienstantritt Jahre liegen. Dies war auch bei Ingrid der Fall. Sie war offensichtlich erfreut über die Nominierung und entschlossen, ihre Rolle gewissenhaft auszufüllen. Mit keiner anderen künftigen Brückenwächterin, keinem anderen Brückenwächter habe ich vor dem Antritt so intensiven Kontakt gehabt. Sie hat sich sogar die Mühe gemacht, die Residenz vorher zu besuchen, um sich ein genaues Bild von der Örtlichkeit zu machen. Da wir während ihrer Dienstzeit das AquaPhone-Festival veranstalten wollten, besuchte Ingrid Štúrovo anlässlich des AquaPhone-Festivals im Jahr vorher.

Höhepunkt des Festivals ist die AquaPhone-Performance. Abwechselnd wird eine in Deutsch, Ungarisch, Slowakisch schreibende Autorin oder ein Autor gebeten, einen Dialog zu verfassen. Der Text wird jeweils in die anderen zwei Sprachen übersetzt und in allen drei Sprachen von einer Sprecherin auf dem einen Ufer und einem Sprecher auf dem anderen über die Donau gesprochen. Der Dialog wird mit improvisierter Musik über den Fluss begleitet von je einem Musiker auf den Ufern.

Diese Performance erinnert an die Zeiten, als es beinahe unmöglich war, Verwandte oder Freunde von der anderen Seite der Donau zu treffen oder mit ihnen in Kontakt zu treten. Die Menschen gingen an windstillen Abenden zur Donau, um miteinander zu reden. Kurze Mitteilungen, oft verschlüsselt, wurden vom Wasser einen halben Kilometer zum anderen Ufer übertragen. Die Performance ehrt all die Schicksale, deren Geheimnisse der Donau übergeben wurden, ehrt dieses Zeugnis der Sehnsucht von Menschen, miteinander zu reden und ihren Erfindungsgeist, Grenzen und Entfernung unter erschwerten Bedingungen zu überwinden.

Dies war der Fall zu Beginn der 50er Jahre des vergangenen Jahrhunderts. Die 1895 errichtete Mária-Valéria-Brücke zwischen Štúrovo (Slowakei) und Esztergom (Ungarn) war zerstört. Für mich, den Jungen aus Štúrovo, bestand die Brücke aus dem einen Bogen auf der rechten Seite des Bildes unten. Beim ersten Besuch mit unserem Sohn in Štúrovo nahm ich ihn mit zur Brücke. Er hat nicht begreifen können, dass es eine Brücke gibt, die den Fluss nicht überspannt.

Maria-Valeria-Brücke von Esztergom aus zwischen 1944 und 2001
https://de.m.wikipedia.org/wiki/Datei:Esztergom_bridge_1969.jpg

Es fehlte lange der politische Wille auf beiden Seiten, der tschechoslowakischen und der ungarischen, die Brücke wieder zu errichten. So wurde die Brücke erst 2001, als die letzte der im Zweiten Weltkrieg zerstörte, rekonstruiert. Die Brücke war schon einmal, nach dem Ersten Weltkrieg, zerstört und sieben Jahre ausser Betrieb. Da die Brücke bis dahin weniger eine Verbindung herstellte als vielmehr zerstört war, dachten wir, etwas unternehmen zu müssen, damit sie nach Möglichkeit nicht mehr zerstört wird. Die einen halben Kilometer lange Brücke physisch zu bewachen, überstieg unsere Kräfte. So kam die Idee des Versuchs, durch Bauen von möglichst vielen virtuellen Brücken zwischen Menschen dafür zu sorgen, dass Menschen keinen Grund haben, Brücken zu zerstören.

Meine Frau Hanneke arbeitete damals als Kuratorin für eine Künstlerresidenz, und so kam die Idee auf, eine Residenz zu initialisieren, in der Brückenwächter aus der ganzen Welt virtuelle Brücken bauen. Wir erwarten von den Brückenwächtern, dass sie sich mit dem Ort und seiner Geschichte im Vorfeld beschäftigen, damit sie wissen, wo sie hingehen wollen, und überlegen, was für ein Thema sie bearbeiten möchten, wenn sie schließlich vor Ort sind.

Ingrid hat dies sehr gewissenhaft, beinahe wissenschaftlich getan und auch während ihres Aufenthalts diese Beschäftigung fortgesetzt. Die Besetzungszeit durch das Osmanische Reich hat es ihr besonders angetan. Umso mehr, als es gegen Ende des 17. Jahrhunderts dort, wo jetzt Štúrovo liegt, eine entscheidende Schlacht gab, in der die Habsburger die Türken endgültig zurückgedrängt haben.

Als Sprachwissenschaftlerin und Frau war Ingrid interessiert, wie die slowakischen Frauen damit fertig werden, dass ihre Namen mit der Endung *-ová* eine Zugehörigkeit zu einem Mann mit dem Namen ohne diese Endung signalisiert. Noch deutlicher wird dieses Prinzip im Ungarischen, indem die verheirateten Frauen reduziert werden auf die Endung *-né* am Vornamen ihres Gatten, womit zum Ausdruck gebracht wird, dass die Frau ihm gehört, also im schriftlichen Ausdruck des Namens nicht mal der Vorname der Frau überlebt. Ingrid war überrascht, was sie vor Ort diesbezüglich in Erfahrung brachte: Die Frauen empfinden es als normal.

Neben diesem evidenten Interesse von Ingrid am Ort haben ihr literarisches Werk und die Beziehung zur Slowakei via Grossmutter unserer Kuratorin die Entscheidung leicht gemacht, Ingrid auszuwählen.

Die Brückenwächter bekommen Raum und Zeit für sich selbst. Der grosse Raum in der von der Stadt zur Verfügung gestellten Residenz ist vor allem für bildende Künstler ein Geschenk. Für Literaten ist die Zeit für sich selbst, fern von täglichen Pflichten, weit wichtiger als der Raum. Dieses Büchlein ist ein Beweis dafür, dass Ingrid die Zeit zu nutzen verstand und es konnte. Zudem hat sie, trotz sprachlicher Hürden, erstaunlich viele Freundschaftsbrücken realisiert. Erfreulich war die Reaktion, die mich aus Esztergom erreichte, in der die Freude über ihre Besuche, manchmal in Begleitung von Personen aus Štúrovo zum Ausdruck gebracht und mit grosser Wertschätzung bedankt wurde.

Dank Ingrid sind die unsichtbaren virtuellen Brücken zwischen Menschen stärker geworden, die reale Brücke ist weniger gefährdet. Beim Lesen erfahren Sie, in welchem Geiste dies passierte. Viel Spass beim Lesen ... und bauen Sie virtuelle Brücken.

Karol Frühauf, Baden (Schweiz)

Brückenland

Mit mehr als hundert Geschichten im Kopf gehe ich für mehr als hundert Tage in die Slowakei. Ich stehe bald mehr als hundertmal auf der Maria-Valeria-Brücke, die Štúrovo in der Slowakei mit Esztergom in Ungarn verbindet. Mein Standort. Dort sehe ich auf den Fluss, sehe dem Wasser nach, das fließt, bis es am Horizont verschwindet. Es ist die Donau.

Was weiß ich von dieser Welt? Ich nähere mich ihr an, versuche, eine ideelle Brücke zu bauen, wo man die echte für lange Zeit nicht begehen konnte, es gab sie nicht und der Eiserne Vorhang verhinderte jede einfache Begegnung mit dem Westen. Hundert Jahre nach der Geburt meines Vaters bin ich in der Gegend, wo er geboren wurde, wo die Großmutter in jungen Jahren lebte. Vielleicht will ich eine Brücke zur Vergangenheit bauen. Aber nicht nur, auch zur Gegenwart, denn ich tue es für mich. Nicht mein Vater, nicht die Großmutter, ich bin diejenige, die sucht. Aber was will ich finden? Habe ich es gefunden, wohin trägt es mich? Ich kann mich nur nähern. Mehr als hundert Tage lang. Ich überspringe meine eigene Grenze.

Alle kommen auf ihre Art auf die Brücke, sagt man. Hier verknüpft sich immer die eigene Geschichte mit fremden Geschichten. Ich sehe das Eigene und sehe das Fremde – doch ist mir hier alles fremd? Ich bin Brückenwächterin auf einer Brücke, die Ungarn mit der Slowakei verbindet. Nein, es ist genau dieses fließende Wasser, dem ich nachschaue, das Wasser der Donau, das Erinnerung transportiert und sich in einem Transformationsprozess erneuert. Und es kehrt etwas ein, das ich vorab noch gar nicht benennen kann, denn eine Verbindung ist bereits im Vorfeld hergestellt. Damit gibt es auch für mich ein neues Land, ich wollte es „Brückenland" nennen, bis ich es genauer kennengelernt hatte.

Und dies ist mein Projekt: Wie im Logbuch der BrückenwächterInnen gefordert, entstehen an der Maria-Valeria-Brücke Fotos und Texte über das, was der Tag mir zuträgt, was mich auf und mit der Brücke beschäftigt. Es stimmte sich schon vorher ein wie eines der Aventiuren aus einem großen deutschen Epos des Mittelalters. Im *Nibelungenlied* sind es 39, einige davon spielen in Esztergom (dt. Gran), auf dessen Burg Kriemhild in zweiter Ehe mit König Etzel residierte. Im Heldenepos ist der Nibelungen Not und Ende dargestellt. Es gibt aber auch andere Geschehnisse oder Funde, die ich genau mit Štúrovo verbinden konnte, so das Ende des osmanischen Feldzugs gegen Wien im 17. Jahrhundert, die letzte große Schlacht des Kara Mustafa bei *Ciğerdelen Parkanı*, wie die Festung damals hieß. Und ein Datum, das mich fast toxisch bewegt hat: der 6. November 1938, als ungarische Truppen über die Brücke in die Slowakei marschierten. Ich hatte das Foto lange nicht verstanden, da ich keine Gegenwehr gesehen hatte, bis ganz zuletzt jemand aus Štúrovo mir erklärte, dass man das Land nicht zu verteidigen brauchte, weil beide Seiten mit Hitler paktierten – ein Laisser-faire der gegnerischen Mächte? In meiner Familie fand die Migration aus der Slowakei nach Deutschland ungefähr zu diesem Zeitpunkt statt, ich hatte sie zumindest in meinem Roman *Susannas Schweigen* so gesetzt. Nun hinterfragte ich das wieder.

Mein großer Dank gilt Karol Frühauf, der den Aufenthalt inzwischen schon vieler StipendiatInnen in Štúrovo als *Brückenwacht* großzügig unterstützt. Er hat diese als Friedensprojekt ins Leben gerufen, wohl wissend, dass ein Friede fragil ist, immer bewacht werden muss. Wir Kunstschaffenden gehen mit diesem Gedanken mit. Wir bewachen die Brücke für eine Zeit, während derer unsere Projekte (auch im finanziellen Schutzraum) entstehen können. Karol Frühaufs Gedanke dabei ist: Solange mentale Brücken gebaut werden, müssen reale Brücken nicht zerstört werden. Dem stimmen wir BrückenwächterInnen zu.

Die zerstörte Brücke, beim Rückzug der deutschen Truppen im Zweiten Weltkrieg so geschehen, bis sie 2001 wiederaufgebaut werden konnte, ist der Erinnerungspunkt der Menschen, die hier und dort leben, auch ihr Trauma. Heute führen sie ihr Leben selbstverständlich auf beiden Seiten der Donau. Die Möglichkeit des schnellen Hin und Her über die Brücke verbindet die Familien, Freundinnen und Freunde. Die Geschichte ist vergangen, wir leben heute. Wir essen im Restaurant, trinken Kaffee im Kávézó, laufen am Strand der Donau, im

Sommer sind wir mit dem Fahrrad unterwegs. Wir tun dies alles, während im Nachbarland Ukraine andere Brücken in einem neuen, unsinnigen und entsetzlichen Krieg wieder zerstört werden. Und wir leben noch mit Corona. Das ist heute unsere Not und das sind unsere Ängste. Wir überwinden sie, so gut es geht, wie die Brücke zwei Ufer verbindet und das Wasser der Donau unsere Stimmen wie damals hinüberträgt, als die Kommunikation so schwierig war.

Den Aufenthalt in Štúrovo verband ich mit großer Achtung und Zuneigung, zu meiner Aufgabe als Brückenwächterin, zur Landschaft, zu den Menschen um mich herum. Die slowakische Herkunft meiner Familie stand mir vor Augen – und ich merkte an mir, wie Migration weiterhin neuen Generationen nachweht, ein Gefühl von Heimatlosigkeit verursacht. Das nun hatte ich herausgefunden. Dabei schienen auch meine anderen Lebensthemen wieder auf.

Das Buch entstand aus den Eindrücken meiner Arbeit in Štúrovo und Esztergom, dem besonderen „Brückenland". Ich konnte umsetzen, was die EinwohnerInnen erzählten, auch einige der hier abgeduckten Miniaturen beziehen sich darauf. Ich habe außerdem viel Unterstützung bekommen, von den Veranstaltern der Brückenwacht, der Stadt Štúrovo, den Kulturschaffenden, nicht zuletzt bei der Bildberatung von Barbara Deller-Leppert. Danke euch allen für alles!

Ingrid Samel, im Dezember 2022

Teil I Essays

Tulln, König Etzel tritt Kriemhild entgegen

Nacht über Licht
Rache fällt Menschen
wie Bäume

Kriemhilds Weg

Ein schöner Stoff nimmt mich gefangen, er ist niedergeschrieben und bekannt als *Das Nibelungenlied.* Es geht darin um Siegfried, den Drachentöter, und Hagen von Tronjes Mord an ihm, den Königinnenstreit zwischen Kriemhild und Brünhilde – sowie im zweiten Teil um Kriemhilds Rache. Es handelt sich um ein Heldenepos, dieses liest sich für mich heute aber spannend wie ein Roman. Um 1200 entstanden, vereint die Geschichte mehrere Sagenkreise, die aus der Zeit der großen Völkerwanderung und dem 5./6. Jahrhundert stammen, es sind auch mehrere Urfassungen auszumachen. So beginnt das Nibelungenlied mit diesen Versen[1]:

Uns ist in alten maeren / wunders vil geseit
von helden lobebaeren (ruhmreich)/ *von grôzer arebeit*
von freuden, hôchgezîten, / von weinen und von klagen,
von küener recken strîten / muget ír nu wunder hoeren sagen.

Als Autor wurde lange ein Ritter vom Hofe des Passauer Bischofs Wolfger von Erla angenommen, eines „Literaturmäzens" im hohen Mittelalter, der als Figur Pilgrim im Lied vorkommt. Auch gilt Bligger II. von Steinach als ein

[1] zit. nach Brackert, H.: Das Nibelungenlied 1, 2. Frankfurt: Fischer TB 1971

möglicher Autor, ein Ritter aus Neckarsteinach bei Heidelberg. Er hatte die Kontakte, die er beschrieb, er kannte sich aus bei Hofe, er könnte nun die Geschichte geschrieben haben, in dichterischer Freiheit die Zeiten und Handlungsstränge zusammengebracht, das Ganze in Liedform, als großes Gedicht. Dass mich hier der zweite Teil einnimmt, kommt allerdings nicht von ungefähr, denn wie Kriemhilds führt auch mein Weg – 820 Jahre später – nach Esztergom an die Donau.

Nachdem Siegfried durch Hagen von Tronje ermordet wurde, zieht die Nibelungenkönigin und Siegfrieds begehrte Witwe Kriemhild von Worms nach Gran (ungarisch Esztergom) ins Land der Hunnen. Sie wurde von ihren Brüdern überredet, der Werbung des Hunnenkönigs Etzel (Attila) nachzugeben, und auch Etzel wurde ermutigt, nach dem Tod seiner Frau Helche noch einmal zu heiraten.

Kriemhild folgt auf ihrer Brautreise einer alten Römerstraße, und um es gleich zu sagen: Sie macht Rast, wo wir es auch heute gern tun. *Die boten lâzen rîten*, lassen wir doch die Boten vorausreiten, meint der Dichter (Vers 1290), und gibt genau über jede Station Bericht. Der Weg führt zunächst die Donau entlang durch den Raum Bayern/Österreich. 104 schöne Mädchen, sie tragen erlesene Seidenstoffe, nimmt die Königin mit auf ihre Reise.

In Großmehring bei Ingolstadt setzt zunächst Kriemhilds großer Tross über die alte Donaufurt, in Pförring setzt dann Kriemhild selbst über die Donau und bleibt danach auf der rechten Uferseite. In Plattling kommt ihr der Onkel Pilgrim, Bischof von Passau, entgegen (wohlgemerkt im Lied, Zeitverschiebung dabei ca. 650 Jahre), und Plattling ist auch eine der Stationen, wo Kriemhild vom Volk gebührend willkommen geheißen wird. Die Stadt feiert noch heute die „Begebenheit". Von ihrem Onkel Pilgrim begleitet, reitet Kriemhild vor Überfällen sicher nach Passau, wo sich der Inn unter *fluzze*, großem Schäumen, in die Donau ergießt (1295). Die Recken des Bistums werfen den schönen Mädchen gleich verliebte Blicke zu (1297). Der Bischof von Passau aber beherbergt seine Nichte, die er lange nicht gesehen hat, sehr gern.

Wieder unterwegs trifft Kriemhild auf die schöne Gotelind, Ritter Rüdigers junge Tochter. Dieser bewirtet und beschützt Kriemhilds Tross bis zuletzt. Kriemhild küsst Gotelind auf den Mund, was sie immer dann tut, wenn sie sich jemandes Freundschaft standesgemäß versichert. Der Dichter greift hier der Erzählung sogar voraus und sagt, sie wussten da noch nicht, was später geschehen sollte. Der Spannungsbogen wird immer wieder gelegt und macht uns neugierig. Gotelind wird mit Giselher vermählt, auch diese Szene liest sich sehr schön (ich greife voraus): Sie treten in einen Ring und viele junge Helden um sie herum *gedâhten in ihr sinnen sô noch die tumben gerne tuont* (1683), sie denken, was junge Leute so denken, weiß der Erzähler.

Dann begibt sich Kriemhilds Tross weiter über Melk ins Ostland. König Etzel hat zwar in Gran seinen Sitz, auf seiner Burg in Traismauer hält Königin Kriemhild aber selbst schon einmal Hof.

Ein stat bi Tuonouwe (an der Donau) *lit in Ôsterlant* (1341), es ist Tulln. Hier sieht Etzel Kriemhild zum ersten Mal und Kriemhild ihren neuen Mann:

Dô huop man von dem moere / die küneginne hêr
Etzel der vil rîche / enbeite (wartete) *dô niht mêr.*
er stuont von sînem rosse / mit manegem küenem man.
man sach in vroeliche / gegen Kríemhílde gân. (1349)

Zwei mächtige Fürsten tragen Kriemhilds Schleppe, während man Etzel fröhlich zu Kriemhild gehen sieht, sie hebt ihr Gebände und ihr Antlitz leuchtet hervor. So mancher Held meint, die verstorbene Frau Helche sei nicht schöner gewesen als sie. Kriemhild gibt Etzel zur Begrüßung den erwarteten freundlichen Kuss. (1350–51)

Waz dô redete Etzel, / daz ist mir umbekant.
in der sînen zeswen (= Rechten) */ lac ir wîziu hant.*
si gesâzen minneclîche / dâ Rüedegêr der degen
den künic niht wolde lâzen / Kriemhilde héimlîche pflegen (1358).

Rüdiger ließ nicht zu, dass der König Kriemhild heimlich liebte, so saßen sie minneclîche (liebevoll) beieinander.

Etzel erscheint uns da bereits in sinnlicher Liebe entbrannt (Ellen Bender). Und Kriemhild? Hier scheint schon auf, was dieses Motiv ausmacht: Die unglückliche hohe Minne, die nicht erhört wird und also nicht in die Ehe führt, wird überwunden, aber nicht profan die niedere Minne gewinnt, sondern die Liebe zwischen Eheleuten wird zum höchsten Glück erhoben, davor gibt es keine Liebesnacht und kein Vertun. Mann passt auf. Überhaupt ist dies vielleicht das erste Beispiel für das Ideal der Liebesheirat in der Literatur. Seltsamerweise verliebt man sich sofort, direkt beim ersten Anblick, und Zeit und Alter bleiben stehen.

Die Burgundin und Etzel lassen sich in Wien trauen, danach begibt sich der immer größer gewordene Tross (ab Mosonmagyarovar bei Györ/Raab per Schiff) weiter nach Gran, in die Residenzstadt. All diese Orte sind im Lied genannt. Vor allem die bayerisch-österreichischen Passagen sind erstaunlich präzise, der Erzähler muss die Orte genau gekannt haben. Dies muss uns nicht verwundern, sind doch auch die Kreuzritter zwischen dem 11. und 13. Jahrhundert (um die Entstehungszeit des Epos) auf dieser Route in Richtung Osten nach Jerusalem gezogen.

Kriemhild verbindet sich also mit Etzel, fernab von alter Trauer, in zweiter Ehe und frisch geblickt ins neue

Leben. Vor der Burg liegt ihr das neue Reich buchstäblich zu Füßen, sie lebt zunächst sieben Jahre lang glücklich mit Etzel und friedlich mit den Hunnen. Sprachbarrieren sind im Nibelungenlied nicht genannt, die Recken sind vielsprachig, und auch die Hunnen im Reich Etzels bilden einen Verbund verschiedener Ethnien und Religionen.

Es folgen Blütejahre ihrer Ehe und Herrschaft, ein Kind wird geboren. Doch der Tod von Siegfried und die Trauer um ihn macht Kriemhild noch in der zweiten Ehe einen Strich durch die Rechnung: Erlittenes Leid rumort in der Psyche, Kriemhild sinnt auf Rache. Kann Rache ihre Not lindern? Und liebt sie nicht auch König Etzel? So ganz kann sie sich seinem Charme nicht entzogen haben, aber genau gesagt ist es nicht.

Do si eines nahtes / bi dem küenige lac
(mit armen umbevangen / het er si, als er pflac
die edeln frouwen triuten; / si was im als sîn lip),
dô gedáhte ihr viende / daz vil hérlíche wîp. (1400)

Der glückliche Etzel, der sich mit dem herrlichen Weib in inniger Liebe vereinigt, weiß nicht, was diese Frau ersinnt. Er ist ohne Argwohn und freut sich, als endlich die Ritter aus Worms an seinem Hof ankommen, die er auf Kriemhilds Bitten hin alle eingeladen hat, mit ihnen die Schwäger und vor allem Hagen von Tronje, den Mörder Siegfrieds. Es sind inzwischen 20 Jahre seit Siegfrieds

Tod vergangen. Sicher ist Kriemhild immer noch die schönste aller Königinnen.

Kurz zum historischen Etzel (Attila). Der Dichter hat ja in seiner Version die Zeiten und Personen frei umgewürfelt. Der Etzel aus der Völkerwanderungszeit herrschte 445 bis 453, und er war der Sage nach mit Ildiko verheiratet. Aber auch dies wird ihm nachgesagt: In der Hochzeitsnacht mit einer jungen Gotin überlebte er einen Blutsturz nicht (es kann aber auch ein Onkel gewesen sein, dem das passierte), was real auf ein Magengeschwür oder Trunkenheit hinweisen könnte, einen unglücklichen Zufall also. Aber es wurde angenommen, er sei von seiner Frau umgebracht worden. War die Ehe erzwungen? Oder war die Heirat mit Letzterer eher ein Zeichen, dass Etzel seine Beziehungen zu germanischen Verbündeten intensivieren wollte? Der Geschichte nach gab es vor dem Einfall der Hunnen in unsere westlich-germanische Welt ein Heiratsangebot vonseiten Valentinians III. Schwester Honoria. Damit hätte Etzel auch noch das weströmische Reich bis zum französischen Atlantik gehört, Honoria wurde dann aber schnell anderweitig vermählt. Und die Liebe?

Dieses launige Gefühl der Anziehungskraft im Nibelungenlied muss man auch literaturgeschichtlich verstehen. Liebe bei Etzel als erotisches Element steht gerade gegen das Machtkalkül einer Heirat. Sie *was im als sîn lîp*, er liebte sie wie sein Leben, berichtet der Erzähler. Ihm bescheinigt er Zuneigung und Sinnlichkeit, während

Kriemhild an ihre Feinde denkt. Was noch? Schade, dass es ausgelassen ist. Aber das gerade schürt die Annahme eines inneren Konflikts und die Fantasie der Zuhörenden. Wie modern ist das Nibelungenlied an dieser Stelle?

Das Fest des Wiedersehens soll zur Sonnwende auf der Etzelburg in Gran stattfinden. Der immer grimmige Hagen fürchtet schon vorher um sein Leben, ist er doch der Mörder Siegfrieds, doch nimmt er ahnungsvoll auserwählte Männer mit, damit Kriemhild ihm keine Falle stellen kann.

Was dann auf der Etzelburg passiert, ist schlimmer als alles zuvor Dargestellte, wo Ritter gegen Ritter kämpft, Recke gegen Recke, *degen* gegen *degen*, wo vor allem Hagen Feindschaft sät und sich schon im Vorfeld viele gegenseitig erschlagen. Hier wird Kriemhild blutig Rache nehmen – für das Mittelalter durchaus vorstellbar. Eine Moral, wie wir sie heute kennen, ist diesem Geschehen nicht beizumessen, es wird radikal und im Rausch der Gefühle Gleiches mit Gleichem vergolten. Sühne kann man das nicht nennen. Alle schlagen aufeinander ein, die Schwerter fliegen, Kleists Familie Schroffenstein klopft schon an, Köpfe werden abgeschlagen.

Am Ende sind die Protagonisten, vor allem die Burgunden, tot – Kriemhild erschlägt zuletzt voller Hass und vor den Augen Etzels in ihrem Blutrausch Hagen von Tronje. Der alte Hildebrand schlägt dafür Kriemhild noch in Stücke – Etzel und der Ritter Dietrich bleiben traurig übrig.

Dô was gelegen aller / dâ der veigen lîp (denen bestimmt war zu sterben).
ze stücken was gehouwen / dô daz edele wîp.
Dietrich und Etzel / weinen dô began,
si klagten inneclîche / beide mâge únde man. (2377)

Der Dichter zieht ein Fazit

mit leide was verendet / des küneges hôchgezît,
als ie diu liebe leide / ze aller júngéste gilt. (2378)
Unter großem Jammer fand das Fest des Königs seinen Abschluss, wie ja immer Freude am Ende mit Leid bezahlt wird.

und schließt das Geschehen:

Ine kán iu niht bescheiden, / waz sider dâ geschach,
wan ritte unde frouwen / weinen man dâ sach,
dar zuo die edeln knehte, / ir lieben friunde tôt.
hie hât daz maere ein einde: / daz ist der Nibelunge nôt. (2379)
Ich kann euch nicht sagen, was danach geschah, nur so viel kann ich sagen, dass man sah, wie Ritter, Frauen und edle Knappen den Tod ihrer teuren Freunde beweinten. Hier findet die Geschichte ihr Ende. Das ist der Nibelungen Not.

Von Esztergom geht nach wie vor Magie aus. Etzel hat die spätere Eroberung der Burg durch die Osmanen nicht erlebt. Es wäre auch nicht mehr Teil des alten Nibelungensagen-Umfeldes, sondern Zukunft. Aber auch damals thronte die Burg weithin sichtbar über der Donau, dem Tal und seinen Dörfern. Heute ist es nicht möglich, vor allem die christliche Basilika aus dem 18. Jahrhundert neben der Burg *nicht* zu sehen. Aus jeder Sichtritze scheint sie hervor, mal klein, mal groß, aber immer da. Daneben, etwas tiefer, steht die Etzelburg, heute kleiner als die Basilika, damals sicher ganz groß und einzigartig.

Der Autor hat vielleicht das höfische Leben schildern wollen. Die blutige Rache, die Kriemhild initiiert und verübt, ist im Lied nur durch die Haltung (das Entsetzen, als Kriemhild mit dem abgeschlagenen Kopf von Hagen vor Etzel steht) und Trauer Etzels und der Übriggebliebenen hinterfragt.

Was nehmen wir aus dem Heldenepos mit? Der Autor erzählt eine Geschichte. Die Herkunft ist sagenhaft. Sie hat Höhepunkte und Wendepunkte, der zweite Teil ist im ersten Teil begründet bzw. mit der Figur Kriemhild und ihrem Rachegedanken angelegt, für einen guten Plot ist alles da. Der Leitsatz, den wir heute mitnehmen, eine Moral, die wir daraus ziehen könnten, lautet etwa: Rache sühnt nicht. Sie schadet, am Ende uns selbst.

Heute würden wir Kriemhild dazu raten, Hagen von Tronje vor Gericht zu bringen und auf Rechtsprechung zu vertrauen, statt Rache zu üben. Heimtücke würde ihm als Mord an Siegfried nachgewiesen werden können – übrigens auch Kriemhild selbst, die den Hunnenkönig dazu brachte, ihre Familie und Hagen einzuladen, damit sie Rache nehmen kann.

Wir erinnern uns: In Pförring ist Kriemhild an das rechte Ufer der Donau übergewechselt und dann auf dieser heute zuletzt ungarischen Seite geblieben – von Worms am Rhein kommend und bis nach Esztergom an der Donau ziehend. Das ist auch mein Weg. Im Sommer 2022 verbringe ich vier Monate als Brückenwächterin zwischen Štúrovo und Esztergom und erinnere mich dabei an Kriemhild, die mich schon auf dem Weg dorthin begleitet hat.

Eine Brücke zwischen dem Fischerdorf *Kakat* (zuerst im Jahr 1075 belegt, was altslawisch „Hahn“ bedeutet und woraus der deutsche Name Gockern für Štúrovo hergeleitet ist) und dem gegenüberliegenden Ufer mit seiner seit langem schon befestigten Siedlung auf dem Burgberg gab es zur Zeit der Völkerwanderung wohl noch nicht.

Mündung des Hron in die Donau

Wie ein Stachel in des Feindes Leber – die Osmanen 1683 in *Ciğerdelen*

Zuerst war da eine Furt, ein flaches Wasser, eine Übergangsstelle für Mensch und Tier. Die günstige Landschaft an der Mündung des Flusses Hron (ung. Garam, dt. Gran) in die Donau lud dazu ein, dass Menschen sich niederließen. Um 1000 wurde das Fischerdorf *Kakat(h)* gegründet (altsl. Hahn). Die Donau konnte man zu Fuß durchwaten, bis 1215 eine Ruderfähre den Durchgang erleichterte.

Mit der allmählichen Landnahme wurde auch Kakat von den Osmanen besetzt und in *Parkan* (Fort, Festung) umgebaut und umbenannt (zuerst 1546). Die osmanische Palisadenfestung *Ciğerdelen Parkanı* entstand, gedacht als „Stachel in des Feindes Leber". Die Osmanen bauten 1585 eine Ponton- bzw. Schiffsbrücke zwischen der Festung *Ciğerdelen* und der türkischen Festung *Istırgon* (ung. Esztergom, dt. Gran, im Folgenden „Festung Esztergom" genannt) direkt gegenüber an der Donau. Pontons sind Schwimmkörper oder Schiffe. Die Brücke führte nun direkt auf das Minarett in der Festung Esztergom zu.

Es gab auch weitere Schiffsbrücken, die über die Insel vor Esztergom führten, doch nehme ich an, dass die wichtigste Donaubrücke die Verbindung zwischen beiden Festungen war. In dieser Zeit kann man sich die Brücke auch nicht ohne strategisch-militärische Zwecke denken. Die Osmanen waren Besatzer.

Die Osmanen vor Wien

Während des zweiten Feldzugs nach Wien und später bei der Schlacht von Parkan 1683 spielte genau diese Donaubrücke zwischen den Festungen *Ciğerdelen* und Esztergom eine besondere Rolle. Das Kriegstagebuch der osmanischen Hohen Pforte[2], verfasst vom Zeremonienmeister, gibt mehrere Male Auskunft. Es umfasst die Zeit vom 10. 7. bis 14. 9. 1683 mit einigen Nachträgen, auch zum Rückzug der Osmanen.

Was trieb die Osmanen an, dass damals sie zum zweiten Mal bis nach Wien gezogen waren? Man mag sich vergegenwärtigen, wo 1683 die Grenze des Osmanischen Reichs verlief. Bis kurz vor Wien war Ungarn mit der heutigen Slowakei tributpflichtiger Vasallenstaat des Osmanischen Reichs, das sich seit 1300 rund um das Mittelmeer von Schlacht zu Schlacht ausgebreitet hatte. Unter Sultan Mehmed IV. wurde Kara Mustafa Pascha 1676 Großwesir. Kara Mustafa, der Mustafa mit dem schwarzen Bart, hatte da schon eine steile Karriere hinter sich.

Rücksichtslos soll er Unterlegene ausgebeutet haben, um die Finanzen des Osmanischen Reichs zu sanieren. Er

---

[2] Richard F. Kreutel (Hrsg.): Kara Mustafa vor Wien. Das türkische Tagebuch der Belagerung Wiens 1683, verfasst vom Zeremonienmeister der Hohen Pforte. München: dtv 1967 (im Folgenden kurz: Tagebuch/TB)

kannte das spätere Europa, hatte Frieden mit Polen geschlossen, die Russen besiegt. Kara Mustafa entpuppte sich dann als Finanzminister der kriegerischen Art oder Kriegsminister zur Sanierung der Finanzen, ein neuer Feldzug gegen „den goldenen Apfel", das Heilige Römische Reich, wurde organisiert.

Was folgte, war ein schneller Truppenzug nach Westen. Am 24. September 1682 bricht das Heer von Konstantinopel aus auf, vier Monate befindet sich die Armee in Adrianopel (heute Edirne), um sich zu formieren, dann ziehen die Truppen als langer, weithin sichtbarer Tross durch ein besetztes Land nach dem anderen. Aufständische bzw. je nach Blickwinkel Freiheitskämpfer, die gegen Habsburg sind, schließen sich an, allen voran Imre Thököly, König der Kuruzen. Letzterer war 1682 vom türkischen Sultan zum König von Oberungarn ernannt worden. Auf einer Konferenz mit Kara Mustafa und Thököly Ende Juni 1683 in Székesfehérvar einigt man sich, nicht Györ[3] zu überfallen, sondern Wien. Auf dem Weg dahin: Schlachten.

Und dann standen sie da. Vor Wien. Besser gesagt: vor den Mauern von Wien. „Kruzitürken!" hat man schon damals bei Gefahr gerufen und die Kuruzen zusammen mit den Türken (Osmanen) gemeint. Die letzte Belagerung Wiens begann am 14. Juli 1683. Die Osmanen gruben Laufwege vor der Stadt und sprengten Minen unter ihr.

---

[3] Hier und im Folgenden benutze ich zum besseren Verständnis die heute gängigen (hier meist ungarischen) Städtenamen

In Wiener Häusern musste immer jemand in den Keller gehen, um Schürfgeräusche oder Klopfen zu melden.

Am 12. September 1683 kommt es zur Schlacht am Kahlenberg. Der eingeschlossenen Stadt Wien wird von den hinzukommenden alliierten (christlichen) Truppen Leopolds I. (Kaiser des Heiligen Römischen Reiches), befehligt vom polnischen König Jan Sobieski III., geholfen, die Osmanen werden besiegt und genötigt, die Belagerung aufzugeben. Kara Mustafas Standarte wird erbeutet, die Osmanen ziehen sich zurück. Eine Woche später verfolgen die Truppen Leopolds I. die restlichen osmanischen Soldaten bis nach Parkan.

Belastungen der Brücke bei *Ciğerdelen Parkanı*/Esztergom

Die Donaubrücke zwischen *Ciğerdelen Parkanı* und der Festung Esztergom hielt bereits während des Feldzugs große Belastungen aus. So befand sich der Ser'asker (Feldherr) Abaza Kör Hüseyin Pascha, der Beğlerbeği (Provinzstatthalter) von Eger, mit 6000 Soldaten auf dem Weg zu Imre Thököly und dessen mit den Osmanen verbündeten ungarischen Truppen nach Léva (heute sl. Levice). Er überquert die Schiffsbrücke im Juli des Jahres 1683 und macht dabei Rast bei der Festung *Ciğerdelen*. Die Brücke steht.

Am 29. Juli findet sich Hüseyin Pascha bei der Festung Léva gegenüber Thökölys Truppen ein. Nach und nach werden die Festungen Léva, Nyitra (heute sl. Nitra, 31. 7.), Szered (heute sl. Sereď, 2. 8.) aufgefordert, sich zu ergeben, doch sie erklären sich von Wien abhängig. Wenn Wien fiele, würden sie sich ergeben. Hüseyin Pascha sendet nun auch Gesandte nach Pressburg (sl. Bratislava, 9. 8.) und verlangt vom Festungskommandanten, dem Padischah (Sultan) zu huldigen, doch stattdessen unternimmt dieser einen Ausfall und schließt sich dann in der Festung ein. (Tagebuch/TB, S. 101)

Hüseyin Pascha steht zwei Stunden weit entfernt gegenüber der Festung Pressburg. Während der verbündete Kuruzenkönig Imre Thököly sich zurückzieht, weil er die Überlegenheit des kaiserlichen Heeres erkennt und fürchtet, seine eigenen christlichen Kämpfer würden zum christlichen alliierten Heer überlaufen (was auch einige tun), zieht Hüseyin Pascha gegen die Festung. Es kommt zu einer Schlacht, aber da die Christen in der Überzahl sind, wird der uneinsichtige Hüseyin Pascha von eigenen Soldaten weggeführt.

An einer Engstelle warten die Gegner ab, was der jeweils andere tut.

Kara Mustafa befiehlt 5000 bis 10.000 Soldaten zur Unterstützung der zahlenmäßig kleinen Truppe des Hüseyin Pascha. Aber die dann doch nur 600 Tataren, die die Brücke bei Esztergom/*Ciğerdelen* überqueren, tun dies mitsamt ihrer „Bagage“, und „da der Marsch durch die Unmenge der mitgeführten Gefangenen und Beutebestände behindert wurde, zog er [Alp Girey, Sohn des Tatarenchans] von seinen Tataren noch die Hälfte ab und schickte sie mit dem Beutetroß nach Neuhäusel [ung. Érsekújvár, sl. Nové Zámky] fort. So bestand der ganze

Sukkurs [Hilfstrupp], der nun zur Streitmacht des Ser'askers Hüseyin Pascha stieß, nur aus 300 Mann." (TB, S. 105) Die Pontonbrücke hielt auch diesen Tross aus, das war Mitte August 1683. Dann berichten Gefangene, „das Giaurenheer, das bisher gegen Hüseyin Pascha gekämpft hatte, sei von dem Engpass aufgebrochen und zur Alexanderbrücke [unklare Angabe] oberhalb von Wien gezogen." (Ebd.)

Während in der Folge Imre Thököly bei Pressburg am Donauufer entlangzieht, nimmt Hüseyin Pascha seinen Weg nach Wien durch das heutige Gebiet von Nordungarn/Südslowakei. Er „zog durch Gegenden, in die noch kein Streiter des Islams den Fuß gesetzt hatte, verbrannte die Dörfer und Städte und Burgen und Palanken, nahm die Frauen und Kinder gefangen und ließ die Männer über die Klinge springen." (TB, S. 105) Hüseyin Pascha und seine Truppe jedenfalls gelangen an das Donauufer gegenüber der Stelle, wo der osmanische Feldherr Kara Mustafa lagert, auf der Höhe von Wien.

Während des Kampfes sieht sich Hüseyin Pascha mit seinen 6000 Soldaten von 80.000 Soldaten der alliierten kaiserlichen Truppen von drei Seiten eingekesselt, die vierte Seite ist die Donau. Er steht auf verlorenem Posten (TB, S. 106, 121) – Kara Mustafa steht auf der anderen Seite der Donau, die 10.000 Soldaten sind nicht gekommen, die Tataren ziehen sich zurück, ohne einzugreifen – und der Feldherr Hüseyin Pascha ertrinkt auf dem Rückzug bei der bereits zerstörten Brücke wahrscheinlich von Jedlesee (heute Stadtteil von Wien) in der Donau.

Bei alldem fällt aufseiten der christlich-kaiserlichen Allianz, deren Entsatzheer vom polnischen König Jan Sobieski III. angeführt wird, ein junger Offizier auf, den die Osmanen *mavi kral* nennen, den „blauen König". Er trägt einen blauen Uniformrock. Es handelt sich um den 20-jährigen Wittelsbacher Kurfürsten Max Emanuel II. von Bayern, der sich in seinem ersten Krieg beweisen will. Er hat sich mit 11.000 Soldaten der Allianz von Kaiser Leopold I. und Sobieski angeschlossen, um Wien zu befreien.

Auch der Herzog Karl von Lothringen fällt den Osmanen auf, sie nennen ihn den *deli kapidan* (tollkühnen Kapitän). Er wird in Parkan eine entscheidende Rolle übernehmen.

Eine herausragende Rolle nimmt dort auch Ludwig Wilhelm von Baden-Baden ein (osman. „roter König"), der anschließend den Beinamen „Türkenlouis" erhält.

Die Zerstörung der Donaubrücke

Vor der Festung *Ciğerdelen Parkanı* sammeln sich die Osmanen wieder und kämpfen am ersten Tag der Schlacht zunächst erfolgreich gegen den polnischen König Jan Sobieski. Dieser wird auch eine Zeitlang für tot gehalten.

Karl von Lothringen verstärkt die Einheiten jedoch am 8. 10., und am letzten Tag der Schlacht bei Parkan (9. 10. 1683) ordnet Sobieski seine Truppen neu. Es stehen nun ca. 28.000 alliierte christlich-kaiserliche Soldaten 40.000 Soldaten Kara Mustafas gegenüber. Die

Schlacht selbst findet nahe der Mündung des Flusses Hron in die Donau statt.[4] Die Donaubrücke zwischen den Festungen *Ciğerdelen Parkanı* und Esztergom steht noch.

Im Verlauf des Kampfes geschieht Folgendes[5]: Auf Wunsch des polnischen Königs stehen die polnischen Truppen auf dem linken Flügel, die (restlichen) kaiserlichen auf dem rechten. „In dieser Gruppierung rückte das Heer eine gute halbe Stunde vor und näherte sich der feindlichen Formation bis auf einen Schuss. […] Noch bevor die erste Linie der Christen ihre Schüsse abgeben konnte, griff der rechte Flügel des Feindes die Armee Jablonowskis [polnischer Feldherr] mit großer Wildheit an. Gleichzeitig rückte auch die in der Mitte aufgestellte türkische Zentralarmee [= Infanterie] vor und griff dann, plötzlich nach rechts drehend, die Polen an. Die[jenigen, die] diese angriffen, waren schon in Unordnung. Als Generalleutnant Dünewald dies sah, startete er mit der ersten Kampflinie seiner Gruppe [= Kavallerie] einen blitzschnellen Angriff auf die oben erwähnte türkische Gruppe, warf sie zurück und jagte sie bis zum Fuß der Geschütze auf dem Sims [Sárosi: der rechte türkische

---

[4] https://www.arcanum.com/hu/online-kiadvanyok/Banlaky-banlaky-jozsef-a-magyar-nemzet-hadtortenelme-2/17-magyarorszag-fels zabaditasa-a-torok-uralom-alol-16831699-3D6D/a-a-buda-visszave teleig-terjedo-hadjaratok-3D6E/1-az-1683-evi-hadjarat-3D6F/e-a-Párkányi-csata-1683-oktober-9-en-3DAB/

[5] Die Schilderung fußt auch auf der Zusammenfassung von Attila Sárosi (Esztergom Anno): www.facebook.com/esztergomanno/pho tos/a.406280831251/10158729017011252/ 2/2

Flügel zog sich in die Deckung der Geschütze der Festung *Ciğerdelen* zurück]. Das Versagen der Zentralarmee zwang auch den offensiv vorgedrungenen türkischen rechten Flügel zum Rückzug, was bald entlang der gesamten türkischen Frontlinie geschah.“ (arcanum.com/hu/...)

Karl von Lothringen schiebt unter Schutz des rechten Flügels seine Artillerie vor und beginnt, die Donaubrücke zu beschießen. Die Schiffsbrücke bricht durch und stürzt unter dem Gewicht der fliehenden türkischen Männer zusammen. Im kühlen Herbstwasser ertrinken viele der Flüchtenden (Sárosi). – Die Quelle Arcanum berichtet es so: „Einige der in Unordnung geratenen Türken versuchten am linken Donauufer zu fliehen, aber die meisten gingen auf die Donaubrücke zu, die sie so massenhaft stürmten, dass sie unter der schweren Last in zwei Hälften zerbrach. Die Flüchtenden sprangen daraufhin in die Donau und versuchten ans andere Ufer zu schwimmen, die meisten ertranken jedoch, so dass das Donaubett vollständig mit Menschen- und Tierleichen gefüllt war.“ (arcanum.com/hu/...)

Während Karl von Lothringen die Donaubrücke weiter beschießt, greift nun Ludwig Wilhelm Markgraf von Baden-Baden, der unter dem Befehl Sobieskis steht, die Festung *Ciğerdelen* mit seinen Dragonern [= Kavallerie] an und besetzt sie. Die Polen durchbrechen die Verteidigungsanlagen in einem Schwung. Durch den Anblick der aufgespießten Köpfe ihrer Landsleute völlig entsetzt, zeigten sie keine Gnade. (Sárosi)

Am 9. Oktober 1683 ist *Ciğerdelen Parkanı* erobert. Mehrere historische Kupferstiche zeigen die Schiffsbrücke in Stücken und wie Menschen in die Fluten der Donau fallen.

Die Festung Esztergom

In der Nacht des Sieges setzen Sobieskis Truppen, darunter Ludwig Wilhelm von Baden-Baden, noch nach Esztergom über. In einer Zeitungsnachricht, die 1683 in Nürnberg erscheint[6], wird über die Einnahme der Festung Esztergom (hier: Gran) berichtet. Danach versuchten die Osmanen, das Blockhaus Thomasberg [ung. *palánk*: Blockhaus, *Tamáshegy*: Thomasberg] und die Vorstädte abzubrennen, als die christlichen Truppen sich nähern.

„Dann (…) haben Ihre Durchl. Herr Herzog von Lothringen alsobald Herrn Grafen von Scharffenberg mit seinen Truppen dirigiret / den Berg zu ersteigen / und das Blockhaus wegzunehmen / […] Regimenter zu Pferd aber sollten ihn bedecken. Welches dann höchstglücklich erfolget und ins Werk gerichtet worden / zumalen hierdurch denen Janitscharen der Weg in die Vestung abgeschnitten / 180 davon niedergemachet / 200 gefangen /

---

[6] HAB Wolfenbüttel, http://digilib.hab.de/inkunabeln/14-astron/start.htm (Warhaffter Verlauff und eigentlicher Abriß/der/von denen Kayserlichen und Alliirten Reichs-Völkern/eine kurze Zeit belägert gewesnen/und nunmehr den 27. Octob. 1683. vom Türkischen Joch befreyeten Hungarischen Stadt und Vestung Gran: Dabey auch kürzlich eine accurate Beschreibung dieses Orts/desselben Lager und andere ehmalige Begebenheiten betreffend/enthalten. Nürnberg: Loschge 1683)

das angezündete Blockhaus gelöschet / und ein grosser Theil davon salviret / folgends aber eine Batterie allda aufgeworffen / und solcher gestalt Gran hefftig und aller Ernstes beschossen worden. Sobald nun die Unserigen mit resolutem Ansatz die Stadt Gran übermeistert und in ihre Gewalt bekommen / haben die Türken das Haasen-Panier aufgeworffen [sind geflohen] / und sich in das Schloß retiret. Denen die Unsern erst recht heroisch zugesetzet und immer muthiger auf die Hauben gegriffen / biß sie endlich den 23. Oktobr. sich dieses importanten Orts vermittels Accords bemeistert." (Ebd.)

Der Festungskommandant Deli Bekir Pascha, Wesir und Beğlerbeğ von Aleppo, der die Festung Esztergom am 27. 10. 1683 übergibt, wird deswegen später in Ofen auf Befehl von Kara Mustafa hingerichtet. (TB, S. 134) Die Stadt Esztergom war 140 Jahre lang in wechselnder Folge von den Osmanen besetzt gewesen, nun wurde sie wieder habsburgisch. 1685 wurde sie noch einmal von den Osmanen belagert. Kara Mustafa Pascha jedoch, der in Parkan den Feldzug nach Wien endgültig verloren hatte, wird am 25. 12. 1685 in Belgrad auf Befehl des Sultans hingerichtet. (TB, S. 87)

Nachdem die Pontonbrücke, die seit 1585 bestanden hatte, während der Schlacht bei Parkan zerstört worden war, setzten nur Barken oder kleine Boote über, bis 1762 ein größerer Fährkahn benutzt wurde. Erst 1842 wurde wieder eine Pontonbrücke gebaut.

1895 führte eine neue Brücke direkt in die Innenstadt von Esztergom, sie war 120 Meter donauaufwärts von der alten gebaut worden. Sie wurde nach Maria Valeria benannt, der jüngsten Tochter der Kaiserin Elisabeth (Sisi) von Österreich und Königin von Ungarn. Die Brücke überspannt die Donau als Grenzfluss zwischen der Tschechoslowakei und Ungarn aber erst seit 1918/1920.

Nachdem die deutschen Kriegstruppen 1944 auf ihrem Rückzug die zuletzt bestehende Eisenbrücke von 1927 zerstört hatten, gab es bis 2001 an dieser Stelle wieder nur Fähren zwischen den Nachbarstädten, heute slowakisch Štúrovo und ung. Esztergom. Dann war die neue, in der Mitte wieder komplettierte und restaurierte alte Brücke fertiggestellt und eingeweiht. Seit Mitternacht des 20. Dezember 2007 wird die Maria-Valeria-Brücke auch nicht mehr von Grenzpolizisten bewacht. Man kann seitdem über die Brücke gehen, ohne den Pass zeigen zu müssen, denn Ungarn und die Slowakei sind damals dem Schengener Abkommen beigetreten, wonach die Binnengrenzen zwischen den EU-Mitgliedsländern offen sind.

Ich danke Veronika Babják † sehr für ihre ortskundige und auch freundschaftliche, weitreichende Hilfe bei der Recherche. Attila Sárosi (Esztergom Anno) danke ich für historische Artikel und seine Hinweise. Gyula Juhász hat mir im Mestské Múzeum Štúrovo alles gezeigt. Danke auch dafür. Und vielen Dank für Hinweise auch an Gyuri Himmler und Karol Frühauf.

Namen der genannten Städte

Ungarisch	Slowakisch	Deutsch
Esztergom	Ostrihom	Gran
Párkány, seit ca. 1724	Parkan, seit 1948 Štúrovo	Gockern
Nyitra	Nitra	Neutra
Szered	Sered, heute Sereď	Sereth
Györ	Gyor	Raab
Székesfehérvar	Stoličný Belehrad	Stuhlweißen-burg
Eger	Jáger	Erlau
Léva	Levice	Lewenz
Pozsony	Bratislava	Pressburg
Érsekújvár	Nové Zámky	Neuhäusel

Sandbank im Sommer vor der Einmündung des Hron

Waiting for the wave – Aus dem Tagebuch der Brückenwacht

Als ich mit dem Fahrrad von Štúrovo aus über die Maria-Valeria-Brücke nach Esztergom die Donau überquere, fahre ich über eine Grenze, aber daran denke ich zunächst nicht. Finanzbeamte oder Polizei kontrollieren am Brückenkopf in Štúrovo zwar manchmal Kleinlaster, aber ein Gefühl von Grenze stellt sich bei mir eher nicht ein. Es gibt dafür kein Personal, keinen Schlagbaum. Plötzlich aber rolle ich mit meinem Fahrrad über einen roten Strich. Das vermittelt mir nun doch etwas: Die Grenze ist hier eindeutig gekennzeichnet.

In den siebziger Jahren des letzten Jahrhunderts, dies ist lange her, war es schon besonders, von Deutschland aus über den Rhein nach Frankreich zu fahren. Drüben gab es besseren Kaffee, anderes Essen. Nach der Aufregung der Grenzkontrolle atmeten wir auf, fühlten uns endlich frei. Eine interessante andere Sprache, nette Leute, auch die Polizisten freundlich, alles ein bisschen mehr Laisser-faire. Ein wenig davon fühle ich wieder, wenn ich die Brücke nach Esztergom hin überquere, die Platanenallee hindurchfahre und das erste Kávézó sehe. Dort zu sitzen und Kaffee zu trinken ist wieder anders als in Štúrovo, der Blick auf den Kanal scheint offener, die Stelle kommt mir vor wie eine kleinstädtische Übersetzung von Paris und – inzwischen auch – Berlin an der

Spree. In Štúrovo einen Kaffee zu nehmen erfolgt im Zentrum, da sind Unterschiede im Städtebau.

Die Donau hat jetzt große Uferstrände, führt wenig Wasser – ich habe mir gestern schon die alte Furt von vor 1000 Jahren an der Einmündung des Flusses Hron vorgestellt, als ich den Flussarm mit der vorliegenden Insel trockengelegt gesehen habe. Aber heute von der Brücke aus sieht es schlimm aus. Die Klimakatastrophe verheert die Donau wie mit einer Armee von Hitzesoldaten. Diesmal wird nicht die Brücke selbst zerstört, diesmal wird die Brücke Zeugin der Katastrophe. Weh uns, wenn die Donau eines Tages ausgetrocknet sein wird.

Drüben in Esztergom stehen drei große Kreuzfahrtschiffe nebeneinander an der Anlegestelle. Gestern hat es ein wenig geregnet, die Wiesen werden langsam etwas grün, aber es reicht nicht. Wir warten auf Regen, sagt ein Schiffsangestellter. Er packt gerade die Koffer der Passagiere ins Schiff. Die sind längst mit Bussen nach Budapest gebracht worden. Die Schiffe liegen fest.

Wenn es dann aber gleich zu viel regnet? Der Kapitän macht eine wegwerfende Handbewegung. Wasser fließt, sagt er, keine Angst vor Hochwasser. Dann setzt er hinzu: We are waiting for the wave. The magic wave. Dann können wir fahren. Es muss regnen, ja, aber dann kommt auch das Wasser aus Deutschland. Wir warten darauf.

In Deutschland hat es viel geregnet, noch mehr und früher als hier in Esztergom und gegenüber in Štúrovo. Überflutungen hat es in Deutschland gegeben und hier nur ein Gewitter und dann immerhin Regen. Der Pegel der Donau war etwas gestiegen. Ich suche die Sandbänke ab, wie weit sie wieder unter Wasser liegen. Aber vergebens, die Sandbänke sind noch gut sichtbar. Leute laufen bis fast zur Flussmitte hin. Es ist wohl schon so ein besonderes Gefühl, mitten in der Donau zu stehen. Ein Mal trocken darin sein. Die Leute machen das.

Jetzt regnet es sich gerade ein. Ob das der Schifffahrt noch hilft? Den Fischen? Der Natur? Die Donau hat bereits so viel Wasser verloren, dass flussabwärts alte Wracks von deutschen Kriegsschiffen zum Vorschein kommen. Sie wurden 1944 versenkt, als die deutschen Kriegstruppen auch die Maria-Valeria-Brücke zerstörten, um die anrückenden feindlichen Schiffe oder auch Landtruppen noch aufzuhalten, bevor sie sich zurückzogen – ein nutzloses Unterfangen.

Brütende Hitze, „schwälende Tage" (Gottfried Benn), ich und andere Menschen gehen morgens hinaus, fallen mittags erschöpft in Schlaf, ewiger Kreislauf von hitzemüden Tagen, kein Ende abzusehen. Schwüle. Das bisschen Regen. Es reicht nicht.

Doch plötzlich wieder ein schweres Gewitter, am Abend setzt Starkregen ein. Und am nächsten Tag das Wunder: Die Donau ist voll! Voll mit Wasser! Als wäre im August wieder Frühling. The wave. Sie hat es geschafft.

Die drei Schiffe sind fort. Ich mache Fotos, suche dieselben Stellen auf wie gestern, finde die Sandbänke nicht mehr, fahre dann unter den Platanen auf einen Kaffee ins

Kávézó und setze mich drinnen abwartend auf einen der schmucken alten Sessel.

Zwischen zwei Regengüssen fahre ich über die Brücke zurück. Die Donau ist heute braun, grün, grau. Ich war nur drüben, um zu sehen, was ist.

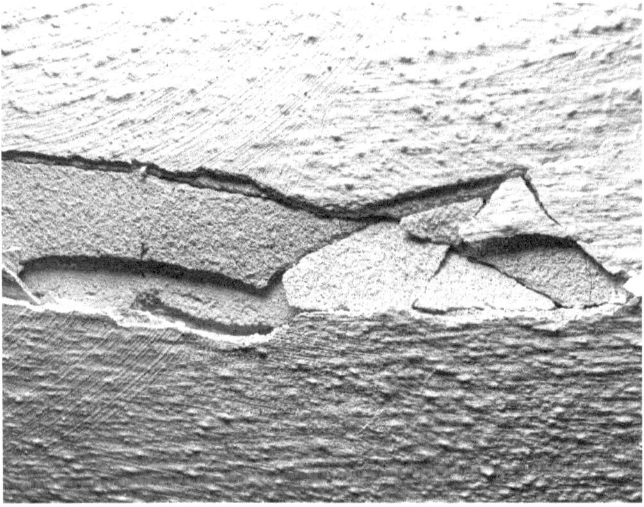

Das Lachen des Tataren

Lachen ist ein Ausdruck für eine Emotion. Vom leisen Kichern bis zum lauten Gelächter aus den Hälsen vieler kann man Lachen hören. Es gibt das fröhliche Lachen, das glückliche, eines, das Zufriedenheit ausdrückt, Lachen, das den Tiervergleich zulässt in Erscheinungsformen wie Grunzen, Wiehern, Glucksen. Gehen wir zunächst einmal von der Signalwirkung aus, die die Bewegung der Gesichtsmuskeln nach Samy Molcho sendet: Mundwinkel nach oben ist ein Signal für gute Stimmung. Mit Mundwinkeln nach unten kann man nicht lachen. Versuchen Sie es einmal.

Eine Stelle im osmanischen Kriegstagebuch über die Belagerung Wiens im Sommer 1683 hat mich aufmerken lassen, diese über Murad Giray, den Khan der Tataren: „die Arme schwingend und lachend und frohlockend“[7] (TB, S. 112), so sei er mit seiner Truppe vor dem nachrückenden Feind davongeritten. Was hat den Khan erheitert, dass er so reagiert?

Vorausgegangen ist dieser Handlung ein Feldzug der Osmanen unter dem Großwesir und Feldherrn Kara Mustafa, dem Mustafa mit dem schwarzen Bart, von dem der Zeremonienmeister des Sultans berichtet. Sein Kriegstagebuch umfasst die Zeit von 10. Juli bis 14. September 1683. Auf dem langen Weg nach Wien, so kann man

---

[7] Richard F. Kreutel (Hrsg.): Kara Mustafa vor Wien a. a. O. (TB)

lesen, wurden Männer getötet und Frauen und Kinder als Sklaven verkauft, ganze Dörfer ausgerottet und zerstört, sodass sie auf hundert Jahre nicht mehr bewirtschaftet werden konnten. Die Grausamkeit beim Durchzug einzelner Truppen zieht sich wie ein roter Blutteppich zuletzt durch das Gebiet der heutigen Slowakei und Nordungarn.

Wien, die reiche Stadt des Goldenen Apfels, sollte durch Belagerung erobert werden. Dabei wurde die Stadt mit Tunneln untergraben und aus Gräben beschossen, Minen wurden gelegt. Fast wäre der Coup gelungen, hätte das eingeschlossene Wien nicht in letzter Sekunde Hilfe von außen erhalten.

Die Osmanen aber hatten Verbündete, so die 200 vorausziehenden „beutejagenden“ Tataren (TB, S. 72) und gegen Habsburg aufständische Kuruzen aus dem östlichen Oberungarn. In der Stunde, um die es geht am 9. September 1683, bewacht der Khan mit seiner Truppe eine Donaubrücke „sechs Stunden vor Wien“. Als deutsche und polnische Soldaten die Brücke überqueren, um dem belagerten Wien zu Hilfe zu kommen, sieht er ihnen dabei von einer Anhöhe aus zu, „die Hand mit dem Griff der Peitsche in die Hüfte gestützt“ – ein Leichtes, und er hätte sie zurückgeschlagen, um den anderen den Weg abzuschneiden. Er tut es nicht. Was ist der Grund?

Der Imam spricht ihn an. Kara Mustafa habe ihm Schmach angetan, antwortet der Khan. Er genieße bei diesem weniger Ansehen als die Giauren aus der Walachei und der Moldau. Der Großwesir habe seine

Warnungen und Ratschläge nicht befolgt und ihm stattdessen Schmähbriefe geschickt, sogar behauptet, dass die Tataren stinkendes Pferdefleisch äßen. – Wenn es so stimmt, ist es eine Herabwürdigung und Verächtlichmachung. Der Khan wiederum untergräbt mit seinem Nichtstun die Autorität des übergeordneten Feldherrn. „Ich kann nicht anders", soll der Khan gesagt haben, und: „Jetzt sollen die Türken nur sehen, was ihr Feldherr wert ist, und jetzt sollen sie es erfahren, was es heißt, ohne die Tataren kämpfen zu müssen!" (TB, S. 112) Das alles lässt einen tiefen Groll vermuten angesichts der kriegerischen Handlungsalternative.

Ein destruktives Moment – schadenfroh sein, auslachen

Nun befinden wir uns mit Murad Giray und Kara Mustafa in einem anderen Kulturkreis als dem unseren, doch Lachen ist überall gleich. Einzelne Funktionen des Lachens finden wir im *Handwörterbuch des deutschen Aberglaubens* (2005) beschrieben, darin steht Lachen als Äußerung der Lebenslust, als Erlösung. Der Erreger des Lachens ist andernorts ein Kobold, der einen „sich zu Tode lachen" lässt, eine Redensart, die dem Volksglauben zugesprochen wird. Schadenfreude wird oft dem Teufel zugeschrieben. Es gibt sicher viele Emotionen, die Lachen evozieren.

Die Frage, ob Murad Giray moralisch oder unmoralisch gehandelt hat, muss man sich nicht stellen. Er selbst aber spricht von Verrat, also hat er ein Gefühl für richtig und falsch – und er ist damit im Konflikt. Der Khan der Tataren schwingt die Arme, das ist so erzählt als Zeichen der Freude und des Frohlockens. Frohlocken in einer seiner Bedeutungen meint „Freude über den Schaden, die Niederlage eines anderen empfinden“ (dwds.de), triumphieren. Das kann auch innerlich sein, ohne ein Zeichen nach außen zu senden. Die Geschicke seines Feldherrn liegen in Girays Hand, er hat insofern Macht. Murad Giray weiß es – und wendet sich lachend von seiner ursprünglichen Aufgabe ab.

Gegen die Erwartung

Zum Lachen gehört auch, dass es eine Überraschung gibt gegen die Erwartung. Man erwartet das nicht, angesichts der Dimension eines Feldzugs, dass sich der Vasall seinem Befehlsherrn so widersetzt. Wohl stünde zu erwarten, auch von ihm selbst, dass der Khan seiner kämpferischen Aufgabe folgt.

Der Khan reitet anschließend zu Kara Mustafa, sagt ihm noch, was dieser wissen muss, und geht – zunächst hochdekoriert. Noch im selben Jahr setzt ihn der Großwesir aber ab. Dieser selbst wird später hingerichtet, weil er in der Schlacht am Kahlenberg (12. 9. 1683) Wien eben nicht erobert und auf dem Rückzug bei der Festung *Ciğerdelen Parkanı* sein Heer gänzlich verloren hat.

Und noch etwas, nicht ganz nebenbei: Der persönliche Konflikt und Groll Khan Murad Girays steht somit am Anfang vom Ende der Expansion des Osmanischen Reiches. Und so entsteht mitunter Weltgeschichte.

Die Basilika von Esztergom

Die versteckte Frau

Meine Großmutter sprach Slowakisch und sang ungarische Lieder. Sie ist mir eine warme Stimme, die mich in der Kindheit begleitete. Ich sehe ihren Garten vor mir, schmecke ihre Gerichte und sehe im Geiste wieder mich als Kind mit den bunten Bohnen spielen, die auf der Treppe trocknen. Jede Pflanze, noch so klein, hat ihr Recht. Ihr Weingarten ist damals ein deutscher Garten, er liegt hinter dem Haus in der Frankenthaler Siedlung, die nach dem Krieg auf Erbpachtgrundstücken aufgebaut wurde.

Mein Vater trug denselben Namen wie meine Großmutter. Nur hatte sie in der Slowakei noch ein *-ová* anhängen, sie hieß Samelová. *–ová* ist im Slowakischen ein Genitivsuffix. Die Grammatik wird oft als Ausdruck von sprachlicher Wirklichkeit interpretiert – in diesem Fall, dass sie, meine Großmutter, (irgend)einem (männlichen) Samel gehöre. Ich selbst heiße Samel wie mein Vater, das Suffix *-ová* gibt es im Deutschen nicht. Nun, ich folge den Gesetzen des deutschen Namenrechts. Da kann ich meinen Geburtsnamen behalten, und das mache ich schon meiner Großmutter zuliebe.

Im Arabischen gibt es eine „aufgezählte Abstammungslinie". Das finde ich auch interessant. Als Kind habe ich nämlich diesen glorreichen Namen auswendig gelernt, den ein deutscher Autor erfunden hat: *Hadschi Halef Omar Ben Hadschi Abul Abbas Ibn Hadschi*

Dawuhd Al Gossarah. Er war so wunderschön lang! *Ben* und *Ibn* bedeuten bei männlichen arabischen Namen jeweils „Sohn von". So werden die Vorfahren im Namen mit angegeben. Bei den Frauen wird im Arabischen übrigens genauso aufgezählt und kein Unterschied gemacht, allerdings zählen die männlichen Vorfahren. Doch hier können wir mal stoppen.

Anders als im deutschen Namensrecht ist im Slowakischen mit *-ová* nicht die Frau an sich, sondern die Frau als „zugehörig zu" genannt und gemeint. Das Suffix suggeriert im Slawischen/Slowakischen also einen Besitz, die Frau „gehöre" zum/dem Mann (Jozefová, Frau des Josefs). Das sehen einige Frauen heute im Zuge der Namensführung oft schon nicht mehr gern. Mit grammatischen Argumenten kommt man der sozialen Bedeutung der Endung *-ová* für die Frau im Familiennamen nicht bei. Auch wenn der Nachname einer Frau dann maskulin dekliniert werden muss, wenn *-ová* wegfällt. Viele Frauen plädieren daher für Wahlfreiheit beim Familiennamen, wie es auch im deutschen Namenrecht gegeben ist. Die Generierung eines gemeinsamen Familiennamens ist hier wie dort kein Zwang (Ländercodex Slowakische Republik, Namensführung der Ehegatten).

Eine kurze Umfrage in der besonderen Umgebung von Štúrovo in der Südslowakei soll mir ein Stimmungsbild geben. Welche Frau benutzt die Endung, welche nicht?

Domenika ist Slowakin und benutzt das *-ová* im Nachnamen, weil es offiziell ist. Nur wenn sie mit Ungarn zu tun hat, lässt sie das *-ová* weg. Es sei ihr nicht wichtig, sei Teil des alten Sprachsystems. Wie sieht es auf der anderen Seite der Donaubrücke in Ungarn aus? Die Ungarin Mária aus Esztergom hat mit der Heirat als Plus im ungarischen Namensrecht neben dem Nachnamen auch noch ihren Vornamen geändert, sie heißt Lászlóné, *-né* wird im Ungarischen an den Mannesvornamen angehängt. Ich zeige Mitleid mit ihr, dass sie keinen eigenen Namen mehr hat, wie antifeministisch. Man habe sie geradezu versteckt! Mária heiße sie ja auch noch, meint sie lachend.

Von den ungarisch abstammenden Frauen, die ich in der Südslowakei getroffen habe, benutzt keine das slowakisch-offizielle *-ová*-Anhängsel. Oder, wie Zsófia sagt, es ist ihr egal, sie sei ja Ungarin.

Teil II Über die Brücke
Miniaturen

Einfach so
rüber können
ohne Pass
ohne Zoll
ohne Stempel
ohne Furcht
über die Brücke
es war ein
Fest für uns für
unsere Familien
wir rauchten (in der
Kneipe) zusammen
aßen im Restaurant
es war billiger
es war teurer egal nein
noch nicht Alltag
wir machten Party

Die Frau mit dem roten Kleid

da ist sie die Frau mit dem roten Kleid und dem Kind ich habe sie gesucht sie zeigt mir ihr Licht und die Welt bekommt Farbe in ihren Augen spiegelt sich die Donau blau wie Metall aber sie ist aus Wasser und ich sehe was ich sehen kann

Eine Brücke schlagen
Über sie laufen
Distanz überwinden
Wasser durchwaten
ankommen
Bei dir und den meinen
Daheim
Wenn ich kann

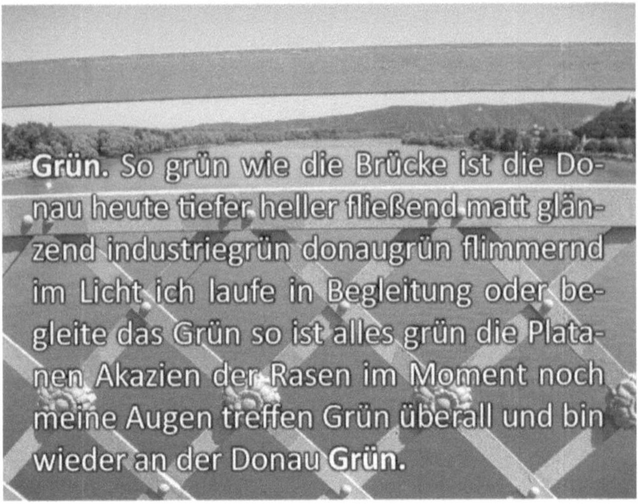
Grün. So grün wie die Brücke ist die Do-
nau heute tiefer heller fließend matt glän-
zend industriegrün donaugrün flimmernd
im Licht ich laufe in Begleitung oder be-
gleite das Grün so ist alles grün die Plata-
nen Akazien der Rasen im Moment noch
meine Augen treffen Grün überall und bin
wieder an der Donau **Grün.**

invers

es ist nicht wie du denkst es sei wie früher es ist anders die Seiten gedreht der Mond heute schwarz und die Brücke voller Menschen alles hat sich geändert du hast die Seiten gewechselt und ich die Boote und wir schauen zu wie die Fische tanzen

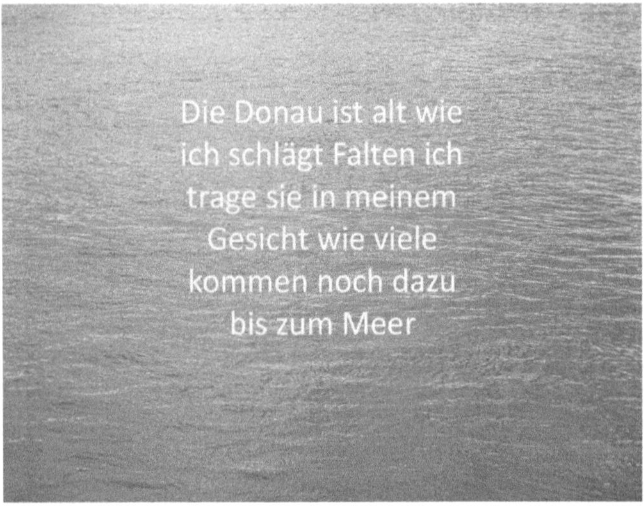
Die Donau ist alt wie
ich schlägt Falten ich
trage sie in meinem
Gesicht wie viele
kommen noch dazu
bis zum Meer

Wir konnten plötzlich rüber

Wir konnten plötzlich rüber und ohne Bewilligung. Wir liebten es, drüben einzukaufen. Dort gab es schöne Kleider, Röcke, neue Pullis. Wir durften aber nur bis zu einer bestimmten Summe einkaufen, das war limitiert. Wenn wir darüberlagen, zum Beispiel weil die Tante uns einen Pulli geschenkt hatte, haben wir den angezogen.

AquaPhon

Die Erinnerung ist euer Faden
Gesponnen durch Rufe
Bleibt gesund!, rufen wir heute
Als ein Virus uns bedroht
Gute Wünsche über die Wasser (der Donau)
Für Menschen weiter weg
Ruft mich nicht, sagt die Erinn'rung
Webt mir den Faden

Gegenwart, alte Zeit

Der letzten Tage Wärme
Bringt endlich Grün
Krieg sei aus der Zeit gefallen, sagt man
Er holt uns plötzlich ein
Auf der Magnolie Blüten liegt Schnee
Europa holt das Sturmgewehr
Der Frieden ist in Stücken
Wir leben in einer alten Zeit
Aus der fällt nichts heraus
Nur das Leben

Die Brücke ist
Fortgehen und Zurückkommen
Wagnis Umbruch
Moment auf Stelzen
Sichtbare Verbindung
Des Hin und Her
Gefühlt zerbrechlich

Teil III „Die Brücke ist …“ Interviews

Hier stand das ŠportPresso

Die beiden Städte und ihre Landschaft haben sich umarmt

Was bedeutet die Maria-Valeria-Brücke für dich?
Gyuri Himmler: Die Erfüllung alter Wünsche. Die Nähe von Freunden. Die glücklichen Zeiten des Friedens.

Was bedeutet es für dich, an der Donau zu leben? Empfindest du sie hier als Grenzfluss?
GH: Wohnen an der Donau bedeutet Weite, also kein Gefühl von Grenzen. Es ist eine wunderbare natürliche Umgebung mit den drei Flüssen und den umliegenden Bergen, und die beiden Städte sind angenehm. Esztergom mit seinem baulichen Kulturerbe und Párkány mit seiner Ruhe, die von den Ufern der Donau und den Platanenreihen entlang der Fußgängerzone ausgestrahlt wird.

Sind für dich die Städte Esztergom und Štúrovo eher eigenständig oder zusammengeschweißt? Hat die neue Maria-Valeria-Brücke einen Einfluss gehabt?
GH: Die Einweihung der wiederaufgebauten Brücke im Jahr 2001 war ein frenetisch gefeiertes Erlebnis der Verbundenheit. Die beiden Städte und ihre Landschaft haben sich wirklich umarmt. Die Verbindung eröffnete beiden Seiten viele neue Möglichkeiten in Bezug auf Arbeitsmöglichkeiten, Geschäftsleben, Tourismus und Kultur.

Die jahrzehntelange Trennung hat die beiden Städte geprägt. Der Unterschied in der Mentalität ist noch heute spürbar.

Hast du ein Erlebnis mit der Maria-Valeria-Brücke, das du erzählen möchtest?

GH: An der baufälligen Brücke gab es im linken Bogen auf der Štúrover Seite ein „ŠportPresso", eine Sportsbar/Espresso-Bar. Viele Menschen erinnern sich noch mit Nostalgie an diese Zeit.

Auch Tanzveranstaltungen gab es auf dem Brückenstumpf. Einige Jahre vor der Renovierung gab es ein denkwürdiges Festival für alle Künste, das von Transart Communication organisiert wurde.

Im Dezember 1989, während der rumänischen Revolution, organisierten wir eine Solidaritätskundgebung, die sich zu einer spontanen Demonstration auf beiden Seiten der Brücke entwickelte und deren Renovierung forderte. Es war eine großartige Erfahrung, denn sie gab uns Hoffnung, dass der Traum wahr werden könnte.

Gyuri Himmler
President Culture Association Štúrovo and Vicinity

Es war für mich als Kind beides, die illusorische Verbindung mit der großen Welt und die unüberwindbare Grenze zum Nachbarn

Was bedeutet die Maria-Valeria-Brücke für dich?
Karol Frühauf: Als Kind war der Brückenkrüppel für mich ein Paradox: eine Brücke, die nicht verbindet? Er hatte jedoch den praktischen Nutzen, weitgehend ungestört mit der Donau reden, sich ihr anvertrauen zu können. Die wieder gebaute Brücke bot mir zuerst, beim Rundblick in ihrer Mitte, die Möglichkeit zu verstehen, warum ich mich mit der Gegend verbunden fühle. Und wenn ich heute über die Brücke gehe, genieße ich die Leichtigkeit, mit der ich die Grenze überwinden kann.

Was bedeutet es für dich, an der Donau zu leben? Empfindest du sie hier als Grenzfluss?
KF: Es war für mich als Kind beides, die illusorische Verbindung mit der großen Welt und die unüberwindbare Grenze zum Nachbarn. Vor allem aber ein wichtiger Bestandteil des Lebensraumes.

Sind für dich die Städte Esztergom und Štúrovo eher eigenständig oder zusammengeschweißt? Hat die neue Maria-Valeria-Brücke einen Einfluss gehabt?
KF: Die Brücke hat einen Einfluss, die von der Brücke gebotenen Chancen werden jedoch, wenn, dann einseitig

genutzt. Die Grundeinstellung zum Staatswesen ist unterschiedlich sowie das Ansehen und die Bedeutung des Nachbarn, das sind die Hindernisse für das engere (kulturelle) Zusammenleben.

Hast du ein Erlebnis mit der Maria-Valeria-Brücke, das du erzählen möchtest?

KF: Ich habe nie im Leben so viele glückliche Menschen gesehen wie beim Brückenfest nach der Eröffnung. Die ältere Generation mit Tränen in den Augen, wenn ich sie angesprochen habe, die Jüngeren einfach strahlend.

Wenn man nur häufiger, vielleicht mit etwas weniger Aufwand, so viel Tausend Menschen glücklich machen könnte, wie schön wäre das.

Karol Frühauf
Initiator der Brückenwächter-Residenz, Baden/Schweiz

Die neu aufgebaute Brücke bedeutet für mich das normale Leben

Was bedeutet die Maria-Valeria-Brücke für Sie?

Mária Prokopp: Weil ich 1939 geboren bin, erinnere ich mich an die Maria-Valeria-Brücke, wie sie vor dem Zweiten Weltkrieg war. Ich war als Kind mit meinen Eltern oft bei bekannten Familien in Párkány. Wir haben auch einige Wochen im Sommer bei Bekannten an der anderen Seite der Donau verbracht.

Also, die neu aufgebaute Brücke bedeutet für mich das normale Leben, wo die Leute an beiden Ufern sich kennen und einander helfen. Ein Fluss kann nie die Bevölkerung der zwei Seiten voneinander trennen! Es kann nur die blöde Politik die Bevölkerung der beiden Seiten trennen! Deshalb ist die Gründung des internationalen Künstler-Stipendiums „Brückenwächter“ in Párkány/Štúrovo von Herrn Karol Frühauf, der schon seit mehreren Jahrzehnten in der Schweiz lebt, eine wunderbare Tat. Seit 17 Jahren waren hier sehr viele talentierte junge Leute aus allen fünf Kontinenten der Welt. Es gibt schon eine schöne Sammlung von ihren künstlerischen Werken in Párkány. Sie können die Rolle der Brücke vielseitig darstellen.

Ich bin oft vom Museum von Párkány eingeladen, Kunst-Ausstellungen zu eröffnen oder kunsthistorische Vorlesungen zu halten. Viele Leute aus Párkány arbeiten in Esztergom, in der Suzuki-Autofabrik oder im Tesco-

Warenhaus oder in Spitälern. Wir besuchen uns gegenseitig sehr gerne, z. B. ist das Bad von Párkány viel größer als unsere Bäder, daher besuchen auch die Leute aus Esztergom das Strandbad in Štúrovo.

Wir feiern viele Feste zusammen. Zum Beispiel am 28. Oktober, da feiern wir den berühmten Sieg bei der Schlacht in Párkány im Jahr 1683 – wo die gemeinsamen europäischen Armeen unter der Führung des polnischen Königs Sobieski die türkischen Armeen besiegt haben. Da finden lustige Programme mit großem Markt statt.

Was bedeutet es für Sie, an der Donau zu leben? Empfinden Sie sie hier als Grenzfluss?

MP: Meine Familie von Vaterseite lebt seit dem 18. Jahrhundert in Esztergom. Meine Vorfahren waren Kaufleute, die aus West-Ungarn (dieser Teil von Ungarn war nicht von den Türken zwischen 1541–1686 erobert worden) nach Esztergom an der Donau, in das Zentrum des Karpatenbeckens kamen.

Die Stelle Esztergom, wo der Fluss Garam/Gran von Norden in die Donau fließt, war seit Urzeiten von Menschen bewohnt und ein wichtiges wirtschaftliches und politisches Zentrum Mitteleuropas. Anfang des 1. Jahrhunderts wurde sie von den Römern erobert, die hier die wichtige römische Stadt Solva an der Limesgrenze der römischen Provinz Pannonia gegründet haben. Im 9. Jahrhundert haben die Fürsten von Ungarn den Burgberg von Esztergom als Zentrum ihres Landes gewählt.

Im Jahr 1000, an Weihnachten, wurde unser Fürst Stephan in Anwesenheit des deutsch-römischen Kaisers Otto II. als König von Ungarn gekrönt. Esztergom an der Donau war von 1000 bis 1256 die erste Hauptstadt Ungarns und blieb danach bis 1948 Zentrum des kulturellen Lebens von Ungarn.

Die Donau, einer der größten Flüsse Europas, bedeutet für die Ungarn eine enge Verbindung mit West- und Ost-Europa. Der ungarische König hatte seinen Sitz 1256 nach Buda an der Donau verlegt und auch heute sitzt unsere Regierung in Budapest an der Donau, wo die beiden Seiten (der Stadt) an der Donau 1873 vereinigt wurden.

Sind für Sie die Städte Esztergom und Štúrovo eher eigenständig oder zusammengeschweißt? Hat die neue Maria-Valeria-Brücke einen Einfluss gehabt?

MP: Die zwei Siedlungen an den zwei Seiten der Donau gehörten immer zusammen. Die linke, flache Seite der Donau mit den guten fruchtbaren Feldern war die Stelle der Landwirtschaft. Bei Bina/Bény – 8 km von Párkány – war im Mittelalter eine mächtige Feldburg, die als Vorburg von Esztergom diente. Da findet man auch eine berühmte Prämonstratenser-Kirche aus dem 13. Jahrhundert. Die Abtei daneben ist nicht mehr erhalten. Das Schloss von Bela – 4 km von Štúrovo – ist von der adeligen Familie Tersztyanszky von Esztergom im 18. Jahrhundert gegründet worden …

Haben Sie ein Erlebnis mit der Maria-Valeria-Brücke, das Sie erzählen möchten?
MP: Ich habe viele Erlebnisse mit der Brücke, so z. B. mit dem letzten Brückenwächter, dem italienischen Filmemacher Mattia Mura, der einen Film gedreht hat: *Frühstück an der Brücke.* Dabei habe ich mich mit einer jungen Kunststudentin aus Štúrovo/Párkány im kalten Februar 2021 unterhalten. Es war sehr lustig. Der Film wird in den nächsten Tagen in Štúrovo gezeigt.

Professorin Mária Prokopp
Kunsthistorikerin

Diese Brücke ist ein Symbol für Zusammengehörigkeit und Frieden

Was bedeutet die Maria-Valeria-Brücke für dich?

Mária Szabó: Die Erweiterung der kulturellen und freundschaftlichen Beziehungen, die Erweiterung der Beschäftigungsmöglichkeiten. Jahrzehntelang haben wir uns die verbliebenen Pfeiler der Brückenstümpfe angeschaut. Die Maria-Valeria-Brücke war die letzte, die nach dem Krieg restauriert wurde. Der 11. Oktober 2001 ist ein Feiertag im Leben der beiden Städte. Von da an war es möglich, unsere Freunde zu besuchen und an Programmen zu Fuß, mit dem Fahrrad oder mit dem Auto teilzunehmen – jederzeit. Diese Brücke über die Donau trennt nicht, sondern verbindet. Nation mit Nation, Ungarn mit Ungarn und Slowaken. Es brauchte zweimal 30 Jahre, um wieder zusammenzufügen, was bereits zusammen war.

Was bedeutet es für dich, an der Donau zu leben? Empfindest du sie hier als Grenzfluss?

MS: Das malerische Donauufer und historische Traditionen verzaubern die Menschen. Nicht umsonst wird Esztergom die Hauptstadt des Donauknies genannt. Die Schönheit des Naturpanoramas versetzt mich in Staunen. An den Ufern des Flusses, auf dem Burgberg tauchen die Schätze der tausendjährigen Hauptstadt auf. Scherzhaft wird oft behauptet, das Wahrzeichen von Párkány sei die

Basilika von Esztergom. Tatsächlich erstrahlt sie von der Donauseite (Fassadenseite) in ihrer vollkommenen Schönheit. Aktuell markiert die Donau in diesem Abschnitt eine Grenze, aber ich betrachte sie nicht als Grenzfluss, denn so sehr sie zwei Ufer trennt, so sehr bedeutet sie auch Zusammengehörigkeit.

Sind für dich die Städte Esztergom und Štúrovo eher eigenständig oder zusammengeschweißt? Hat die neue Maria-Valeria-Brücke einen Einfluss gehabt?
MS: Der Wiederaufbau der Maria-Valeria-Brücke dauerte – hauptsächlich aus politischen Gründen – fast sechzig Jahre. Die wiederaufgebaute Brücke hat einen großen Einfluss auf das Leben der beiden Städte und ihre Umgebung. Mit der renovierten Brücke sind wir ein bisschen wie neugeboren. Diese Brücke ist ein Symbol für Zusammengehörigkeit und Frieden. In allem müssen wir das suchen, was uns verbindet, und nicht das, was uns trennt. Dies ist die Grundlage des Friedens, eine Bedingung für ein ruhiges, würdevolles Leben.

Hast du ein Erlebnis mit der Maria-Valeria-Brücke, das du erzählen möchtest?
MS: Viele unserer Erfahrungen sind mit der Brücke verbunden. Gespannt beobachteten wir zusammen mit Hunderten den Moment, in dem die letzte Säule an ihren Platz geschwommen wurde. Auf beiden Seiten brach Jubel aus. 2001 wurde die Brücke an meinem Geburtstag über-

geben. Es war ein schönes Geschenk! Nach der Zeremonie, als wir über die Brücke gingen, begrüßten wir unsere Freunde aus Párkány mitten auf der Brücke mit Tränen in den Augen. Am Silvesterabend 2001 (31. Dezember) gingen wir nach Mitternacht mit einer Gruppe von Freunden über die Brücke. Wir begrüßten das neue Jahr auf der Párkány-Seite. Der Verkehr zwischen den beiden Ufern wurde wirklich frei, als die Grenze geöffnet wurde und Pässe nicht mehr kontrolliert wurden.

Mária Szabó
Journalistin

Diese Brücke ist das beste „Schweißgerät“, das man je hätte erfinden können, um Leute zusammenzubringen

Was bedeutet die Maria-Valeria-Brücke für dich?

Gábor Ruda: Als ich zum ersten Mal nach Gockern reiste, war ich 13. Meine Mutter hat mich begleitet und wir überquerten die Donau bei Gran mit einem kleinen, alten Motorboot, das 5- bis 6-mal am Tag hin und her fuhr, die Fähre gab es damals noch nicht. In einem Kleidungsgeschäft in Gockern habe ich eine dunkelblaue, gefütterte Orkanjacke bekommen, die ich sehr mochte und die mir viele Jahre lang sehr gut als Übergangsjacke und Wintermantel diente. Am Ende wurde sie ziemlich eng, ich hätte sie aber nie weggeworfen, wenn ich sie nicht während einer per Anhalter durchgeführten Sommerreise nach Bulgarien bereits auf dem Rückweg in der verdammten Stadt Sliven, zwischen der Hauptstadt Sofia und der Grenzstadt Russe, verloren hätte. Den Rest des Heimweges musste ich deshalb im Hemd schaffen.

Später wurde eine Fähre zwischen Gran und Gockern einbestellt, die – wenn ich mich gut erinnere – sechs Autos und zahlreiche Personen befördern konnte. Sie verkehrte regelmäßig in bestimmten Zeitabständen. Das kleine Motorboot hatte ihr nur an den Tagen der Gockerner Simon-Juda-Messe geholfen, beide Wasserfahrzeuge haben die Messebesucher kontinuierlich bis spät abends hinübergebracht. Ansonsten hatte die Fähre einen strengen Fahrplan und wer die letzte Fähre verpasste, musste wohl die Nacht am linken Donauufer verbringen oder einen 100 km langen Umweg machen, falls ein Auto zur Verfügung stand, über die Brücke in Komárom. Da kaum jemand im Bekanntenkreis einen Wagen hatte und man nach einem Gockernaufenthalt wegen der konsumierten Getränkesorten sowieso nicht hätte fahren dürfen, blieb einem die nicht besonders große Wahl an Heimkehrmöglichkeiten übrig. Es wurde ein Fall bekannt, dass zwei junge Leute die Donau wegen des erwähnten Problems in der Nacht absolut erlaubnislos überschwommen hatten.

An einem Nachmittag im Sommer 1980 machte ich mich mit Freund B. auf den Weg per Anhalter in Richtung einer Kleinstadt in Ostdeutschland, um dortigen Bekannten westdeutsche Zeitschriften, die B. von Verwandten aus Westdeutschland erhalten hatte, mitzubringen. Die erste Probe war die Grenzstation in Gockern, gerade im Hafen der Fähre, wo die Kontrolle sich oft ziemlich kleinlich ereignete. Es kam vor, dass der Rucksack ausgepackt werden musste und bestimmte Gegenstände nicht über die Grenze gebracht werden durften. Der Transport der unerwünschten Zeitschriften durch das beispielhafte sozialistische Land Tschechoslowakei war sicher riskant. Zum Glück gab es keine strengere Kontrolle, wir konnten unberührt weiter. Nicht aber an der Grenze des mindestens so beispielhaften sozialistischen Landes DDR, wo alle Zeitschriften gefunden und uns weggenommen wurden. Mitten in dieser Tragödie hatten wir nochmal Glück, weil nicht weit von der Grenze ein Auto aus Westdeutschland mit zwei jungen Leuten und einer behinderten Dame angehalten hatte und wir eine bedeutende Stecke mitfahren konnten. Unterwegs erzählten wir den traurigen Fall und als Abschiedsgeschenk bekamen wir ihr übriggebliebenes tschechoslowakisches Geld, das so viel, für uns zumindest, war, dass ich nach der Teilung mit B. auf dem Rückweg in Prag einen Flugschein Budapest – Sofia kaufen konnte. Ich weiß nicht mehr, ob mir die schon viel früher in Bulgarien verlorene Orkanjacke einfiel, als ich am Flughafen Sofia landete.

Endlich kam der 11. Oktober 2001, als die Maria-Valeria-Brücke nach einem Jahr Bauarbeiten wiedereröffnet wurde. In den ersten Tagen nach der Wiedereröffnung schlängelten sich Autos und Menschen in endlosen Reihen über die und auf der Brücke. Auch die letzte Fähre legte mit einer Zeremonie über. Aus diesem Anlass bekam das erste Heft unserer Kulturzeitschrift „Murgebiet“ den thematischen Titel *Die letzte Fähre*. Die Zeitschrift wurde am 8. Dezember 2001 im Gockerner Kulturhaus – in Zusammenwirkung mit der Graner Rockband „Tűzkerék xT“[8] unter der Leitung des Gitarristen Tamás Tóth – präsentiert. An jenem Nachmittag bin ich von Werischwar aus nach Gran per Anhalter gefahren, mit den druckfrischen Zeitschriftexemplaren im Rucksack. Dann spazierte ich über die Brücke nach Gockern, um an der Veranstaltung im Kulturhaus teilzunehmen.

---

[8] dt. „Feuerrad“; https://www.youtube.com/watch?v=I3B_9oApYl8

Offensichtlich förderte die Brücke die Entwicklung der freundschaftlichen Beziehungen zwischen den Menschen beider Donauufer. Beinahe ohne Begrenzung konnten wir unsere Freunde in Gockern besuchen und an Veranstaltungen teilnehmen, wo sie eine Rolle gespielt haben. So waren wir dabei, wenn eine Ausstellungseröffnung von unserem Malerfreund János Lábik stattfand. An einem Abend nach so einer Ausstellungseröffnung, es könnte im Frühjahr 2002 gewesen sein, lud János wie üblich die Kerngesellschaft herzlich in sein Atelier ein, in der Mansarde seines Hauses, um noch ein Glas Wein zu trinken. Hier konnten wir seine älteren und auch noch die in Vorbereitung befindlichen Werke anschauen. Jeder konnte beliebig lange bleiben, János hat niemals gesagt, dass wir gehen müssten. So kam es vor, dass zwei bis drei Leute unter denen, die noch bei János geblieben waren – wie es später erzählt wurde –, die Brücke in dieser nebligen Nacht nur mit großer Mühe finden konnten. Sie haben sich verirrt, zuerst hatten sie den falschen Weg gewählt.

Vielleich lohnt es sich, noch ein Kulturtreffen zu erwähnen, das sich im Sommer 2002 in dem am linken Ufer befestigten Pontonrestaurant ereignete und einen Teil unseres bisher größten, halbjährigen, komplexen künstlerischen Programms *Brücken an der Donau* ausmachte, gefördert durch das „Programm Kultur 2000“ der EU. Einer der Teilnehmer war der aus Breslau (Wrocław, Polen) nach Berlin-West ausgewanderte Bildhauer Roland Schefferski, der schon früher ein wiederum komplexes künstlerisches Programm in „Slubfurt“ (die Stadtnahmen Frankfurt an der Oder und Słubice an dem rechten Ufer der Oder wurden abgekürzt und zusammengefügt) durchführte. Roland hat sogar als Bestandteil des Programms „Slubfurt“ einem Euro ähnliche Münzen geprägt und hatte einen ähnlichen Plan für die Städte Gran und Gockern. Ich weiß nicht mehr, welchen Namen die hiesige Zwillingsstadt hätte bekommen sollen, ich würde mich sehr freuen, wenn jemand behilflich sein könnte, den damals ausgedachten Stadtnamen herauszufinden.

Was bedeutet es für dich, an der Donau (am Donauufer) zu leben? Empfindest du sie (es) hier als Grenzfluss?

GR: Als die Grenzer und Zöllner im Winter 2007 (hoffentlich) für immer von der Brücke verschwunden sind, fand an einem Abend fast ganz spontan ein Brückenfest statt, wo relativ viele Leute aus Gran und Gockern bzw. dem Umfeld zusammenkamen und die grenzenlose Freiheit(?) feierten. Die Initiative, denke ich, hat „Die Slowakisch-Ungarische Freundschaftliche Gesellschaft in Gockern“ ergriffen. Ich schwöre, niemand hat an jenem Abend daran gedacht, die Donau sei ein Grenzfluss.

Sind für dich die Städte Esztergom und Štúrovo eher eigenständig oder zusammengeschweißt? Hat die neue Maria-Valeria-Brücke einen Einfluss gehabt?

GR: Diese Brücke ist das beste „Schweißgerät“, das man je hätte erfinden können, um Leute zusammenzubringen, damit sich Dialoge unter den Menschen in freundschaftlicher Atmosphäre herausbilden. Wer Brücken baut, erntet Frieden (demgegenüber: „Wer Bunker baut, wirft Bomben“).

Gábor Ruda
Verleger, Autor, Kulturvermittler und Fotograf

Die Brücke bedeutet für mich Freiheit

Krisztina Molnár: Zweimal im Jahr durften wir mit der Fähre über die Donau nach Esztergom. Eine Tante war in Esztergom geblieben, sie war im Kloster gewesen und arbeitete dann dort als Hausangestellte.

Wir liebten es, in Esztergom einzukaufen. Dort gab es schöne Kleider, Röcke, neue Pullis. Wir durften aber nur bis zu einer bestimmten Summe einkaufen, das war limitiert. Wenn wir darüberlagen, z. B. weil die Tante uns einen Pulli geschenkt hatte, haben wir den angezogen.

Die Brücke bedeutet für mich Freiheit. Wir konnten mit der Brücke rüber – ohne Bewilligung. Mit der früheren Fähre war es so, dass man immer abwarten musste, ob man mitkam. Sie war nicht groß. Wenn man keinen Platz bekommen hatte, musste man warten.

Ich bin hier am Ipeľ aufgewachsen. Die Brücke über den Ipeľ war immer da, auf der anderen Seite liegt Ungarn. Sie war normal, aber man durfte nicht rüber. Wir waren auch am Ipeľ baden, in der Mitte ist die Grenze, manchmal sah man Grenzer. Aber das hat uns als Kinder nicht gestört. Es war einfach so.

Während der Corona-Pandemie bin ich auf dem Damm am Ipeľ joggen gewesen. Plötzlich war die Brücke wieder zu, man sah Grenzer. Sie hatten dann mitten auf der Brücke eine Sperre errichtet. Es ist wie damals, habe ich meiner Schwester geschrieben. Genau wie damals. Man durfte nicht mehr rüber.

Wegen der Arbeit mussten Leute einen Umweg über Šahy machen, das sind pro Richtung 60 Kilometer mehr zu fahren. Während der Corona-Zeit passierte das mehrmals.

Krisztina Molnár
Unternehmerin

Wir machten Party

Péter Budai: Ich war dabei, als die Brücke 2001 eröffnet wurde. Damals war ich 23 Jahre alt. An diesem Tag konnten wir rüber, ohne Pass, Stempel, Zoll. Unsere Reisepässe waren damals voll von Stempeln. Davor gab es nur die Fähre. Wir sind immer nach Štúrovo zum Einkaufen rübergefahren, dort kauften wir Hefte, Kulis, sie hatten eine bessere Qualität und waren billiger (in Kronen). Wenn wir mit der Fähre zum Schuhekaufen fuhren, haben wir die alten Schuhe weggeschmissen und die neuen schmutzig gemacht, damit es nicht auffiel, dass sie neu waren. Auch die Gummireifen für die Fahrräder waren drüben billiger und besser. Wir fuhren auch nach Štúrovo zu Partys, Disco, Bowling. Später fuhren wir auch nach Štúrovo zum Rauchen. In Ungarn durfte man in den Kneipen ab 2012 nicht mehr rauchen, in Štúrovo war es bis 2019 erlaubt.

Veronika Babják: Ab den 80er Jahren haben wir unsere Familienfeste immer im Restaurant Casablanca in Štúrovo gefeiert. Wir fuhren auch zum Tanzen rüber. Die Kinder waren damals schon in Vadaš, das gab es schon. – Die Brücke ist heute auch wichtig, wenn wir nach Ostungarn fahren wollen. Wir fahren über die Brücke, ein kleines Stück durch die Slowakei, das ist dann schneller.

PB: Heute pendelt man in die umgekehrte Richtung. In Štúrovo gibt es kaum Arbeitsmöglichkeiten, die Leute arbeiten in Ungarn und pendeln bis Budapest. Ich arbeite als Fremdenführer, da bin ich auch je nachdem, wo das Schiff anlegt, in Štúrovo oder in Esztergom. In Štúrovo machen wir Fotos vom Burgberg und der Basilika, sonst gibt es da wenig zu sehen. Dann sind wir in Esztergom.

VB: Seelisch ist mir die Brücke auch wichtig. Ich verbinde die Eröffnung der Brücke mit meinem Bruder. Er recherchierte über die Brücke. Die Brücke war anders geplant, als sie heute ist. Sie war flach geplant für Züge, aber dann hätte es Probleme mit der Durchfahrt von Schiffen gegeben. Man hätte sämtliche Schiffe anders konstruieren müssen. Deshalb ist sie dann mit einem Bogen versehen worden und in der Mitte höher. Mein Bruder starb im September, am 11. Oktober war die Übergabe der Brücke 2001. Sie ist jetzt für mich ein Symbol für meinen Bruder.

Esztergom war in den 50er/60er Jahren anders. Es war eine Künstlerstadt, Wissenschaftler waren hier, Leute, die aus Budapest verbannt waren. Manche kamen aus dem Gulag zurück oder aus dem Konzentrationslager, Juden, viele waren keine Kommunisten. Mein Vater besaß eine Mühle, die musste er im Kommunismus abgeben und er kam zur Zwangsarbeit.

Man fand hier eine andere politische Umgebung als in Budapest, im Kommunismus hattest du keine Wahl, wo du arbeiten wolltest oder wo du gewohnt hast. Esztergom war kulturell anders als Restungarn. Ein reges kulturelles Leben gab es hier Ende der 60er, 70er, 80er Jahre. Nach der Wende vermehrten sich die Vereine, aber heute gibt es weniger, dafür mehr private oder lokale Initiativen.

PB: 1989 wollten die Politiker von Štúrovo und Esztergom die Brücke wegen der Wasserschleuse in Gabčicovo nicht. Es war ein Donau-Rhein-Main-Kanal geplant.

VB: Es gibt auch weniger Wasser in der Donau wegen der Schleuse, deshalb haben wir hier einen stinkenden Kanal (im Jachthafen von Esztergom). Sie war umstritten.

PB: Wegen 1938 (S. 14) hatte man auch Angst, die Ungarn kämen wieder über die Brücke, wenn man eine baute. Damals, im November 1938, wurde bestimmt, dass die Südslowakei wieder zu Ungarn gehörte, es gab keine Gegenwehr, keine Gewehre bei der Überquerung der Brücke durch die ungarischen Soldaten.

VB: Diese Angst war in den Herzen.

Veronika Babják, Lehrerin
Péter Budai, Fachlehrer für Touristik

Über die Autorin

Ingrid Samel studierte Germanistik und Romanistik und war lange als wissenschaftliche Sprachberaterin tätig. Heute lebt sie als Schriftstellerin in Schriesheim. Erschienen sind von ihr bisher Kurzgeschichten in Anthologien und Literaturzeitschriften sowie folgende Bücher und Romane:
Julia am Eisenofen, Roman. Heidelberg 2020
Susannas Schweigen, Roman. Hamburg 2020
Ein Wolf im Wald, Erzählung für Kinder. Heidelberg 2015

Ingrid Samel ist im Netzwerk der Autorinnen und Autoren der UNESCO City of Literature Heidelberg sowie Mitglied bei LitOff und GEDOK.
https://heidelbergerautoren.wordpress.com
www.litoff.de
www.gedok.de

Inhalt

Weitere Bücher der Autorin

Ingrid Samel
Susannas Schweigen
Roman

Fliegen ist die Welt umarmen vom Himmel aus, denkt Johann, alles ist möglich. Doch dann verschweigt ihm Susanna, wer sein Vater ist. Mit dieser Selbstungewissheit im Nacken und einem absoluten Drang nach Autonomie arbeitet sich Johann nach oben, doch der absolute Staat setzt ihm Grenzen. Ein Roman mit zeitgeschichtlichem Bezug, der 1910 in Oberungarn beginnt und 1968 in der Tschechoslowakei endet.

tredition
978-3-7497-9831-5 / € 12,80

Ingrid Samel
Julia am Eisenofen
Roman

Julia arbeitet in einer schwäbischen Molkerei mit Niederlassung in Bratislava, während ihr Mann, der Journalist Fredrick, um den beruflichen Aufstieg kämpft. Gelegenheit dazu bietet ihm ein Skandal bei Julias Arbeitgeber. Doch sie geht ohne Fredrick nach Bratislava, um die Filiale dort zu sanieren, und macht eine Entdeckung, die ihr Leben verändert.

Edition LitOff im LSV
978-3-931382-64-3 / € 13,80

Ingrid Samel
Ein Wolf im Wald

Erzählung für Kinder

Dass oben im Wald ein Wolf gesehen worden ist, birgt eine Menge Gesprächsstoff und bringt Helma, Melissa und Ruth so richtig zusammen. Aber die Freude der drei Freundinnen wird bald von den Dorfbewohnern gedämpft und erste Zweifel mischen sich ein. Ist das Dorf, wie die Leute sagen, durch den Wolf gefährdet? Die drei machen sich auf die Suche.

Edition LitOff im LSV
978-3-931382-57-5 / € 12,80

Weitere Bücher im Lothar Seidler Verlag

Frank Barsch
Harry, der Sommer und ich
Eine abenteuerliche Harzreise

Der Harz: Mythen, Hexen, Prominenz, ein romantisches Abenteuer. Das war schon zu Zeiten von Heinrich Heine so. Doch was kommt dabei heraus, wenn man Heines Erzählung und seine Sichtweise in die Gegenwart überträgt? Eine völlig verrückte Geschichte. Eine Reise, die sich beim Schreiben selbständig macht und zu einem Abenteuerroman emanzipiert. Einem Roman, in dessen Anspielungen, Satire und Ironie eine tiefere Bedeutung steckt.

Allgemeine Reihe
978-3-931382-65-0 / € 13,80

Ulrich Pomplun
Die Sonne jenseits des Ozeans
Roman

1929: Während des großen Eisgangs auf dem Rhein verschwindet Justine, die Frau des Bankangestellten Alexander Kilian, spurlos. Als er einen Tipp bekommt, lässt er sich nach Berlin versetzen, um sie dort zu suchen. Immer wieder gerät er in seltsame und sogar bedrohliche Situationen. Ist das alles eine große Intrige? Oder nur ein dunkler Traum und am Ende siegt doch die Liebe? Ein Roman über die Unerklärlichkeit der Welt.

Edition LitOff
978-3-931382-67-4 / € 13,80